배를 만들고 싶다면
먼저 저 넓고 끝없는 바다에 대한 동경심을 키워라!

– 생텍쥐베리

아이의 튼튼한
공부 기초를 만드는
바탕다지기

초등 어휘 바탕 다지기

탕

지기

박현창 지음

2 초등
저학년용

에듀
인사이트

국어 감각을 키우는 신개념 낱말 학습 프로그램

초등 어휘 바탕 다지기 · 2

초판 1쇄 발행 2016.02.22 ┃ 초판 6쇄 발행 2020.03.31
지은이 박현창 ┃ 펴낸이 한기성 ┃ 펴낸곳 에듀인사이트(인사이트)
기획·편집 공명, 신승준 ┃ 본문 디자인 지누커뮤니케이션 ┃ 표지 디자인 오필민 ┃ 인쇄·제본 서정바인텍
베타테스터 권시원, 권시하, 김려원, 김명현, 김하늘, 신세호, 이형민, 임준호, 정우승, 조성은, 조윤빈
등록번호 제2002-000049호 ┃ 등록일자 2002년 2월 19일 ┃ 주소 서울시 마포구 연남로 5길 19-5
전화 02-322-5143 ┃ 팩스 02-3143-5579 ┃ 홈페이지 http://edu.insightbook.co.kr
페이스북 http://www.facebook.com/eduinsightbook ┃ 이메일 edu@insightbook.co.kr
ISBN 978-89-6626-704-0 64710
SET 978-89-6626-701-9

책값은 뒤표지에 있습니다. 잘못 만들어진 책은 바꾸어 드립니다.
정오표는 http://edu.insightbook.co.kr/library에서 확인하실 수 있습니다.

어휘력은 사고력의 기본 토대!

우리는 사람과 사회, 자연과의 상호 작용을 통해 낱말을 얻고, 이런 낱말들 사이의 관계를 발견하고 이해하며 조직해 어휘를 발전시켰습니다. 어휘들을 정교하게 연결하면 생각을 전달하고 표현하는 수단인 말과 글이 되는데, 어휘가 풍부할수록 좀 더 자신의 생각을 체계적으로 정리하고 논리적으로 표현할 수 있게 됩니다. 따라서 어휘력은 논리적 사고력의 기본 토대라고 할 수 있습니다.

어휘 선택의 기준

어휘 학습을 진행하기 위해서는 구체적으로 어떤 어휘를 다룰 것인가가 먼저 정해져야 합니다. 이 책에서 채택한 어휘들은 '등급별 국어 교육용 어휘(서울대 국어연구소, 김광해, 2003)' 목록에서 발췌하였습니다. 이 목록이 절대적인 것은 아니지만 적어도 목록을 작성하는 데 사용한 방법과 기초가 되는 자료들의 폭넓음에서 이보다 더 믿을 만한 자료는 찾아보기 어려울 것입니다. 그리고 이를 바탕으로 교재를 개발하는 것이 직관과 경험에 의존해 만들어 내는 것보다는 훨씬 오류를 범할 확률이 낮고 사용자에 대한 적합성이 높습니다.

교재에 사용되는 어휘는 1~2등급(기초 어휘) 어휘가 중심이 되고, 여기에 3~4등급의 어휘를 교수 학습 활동 설계에 따라 선택적으로 추가하였습니다.

어휘의 편성과 학습 내용

아동의 어휘 발달 양상은 대개 그들의 사회화 경험의 확장 경로와 일치합니다. 그래서 비교적 일반적이라고 할 수 있는 생활 범위를 주제로 잡아 점차 확장되는 방식을 취했고, 그에 따라 사용하는 어휘들을 순차적으로 배치하여 일차적으로 익히게 했습니다. 여기에 낱말의 의미 – 구체성과 추상성 그리고 상징성, 실질적 의미(실사)와 기능적 의미(허사) – 와 음절수의 많고 적음 따위의 기준을 적용하여 쉬운 것에서부터 어려운 것 순으로 익힐 수 있게 배치했습니다.

권	첫째 주	둘째 주	셋째 주	넷째 주	다섯째 주	여섯째 주	일곱째 주	여덟째 주
1	몸	가족	음식	옷	집	직업	동물	거리
2	놀이	운동	동작	기구	탈것	식물	사람	빛깔
3	수	마음	시간	정도	낱낱	맛	날씨	어떻게
4	소리	곳	모양	바다	땅	문화	우주	어원

이렇게 편성한 어휘들을 다시 그 형식과 내용적인 측면에서 고루 익히게 했습니다. 낱말의 형식이 되는 소리와 꼴에 관한 학습 내용들을 담아냈고, 내용이 되는 의미면에서는 사전적 의미부터 내포적 의미 그리고 의미 관계와 관용적 의미까지 두루 다루었습니다. 더불어 다소 가벼우나 창의적인 언어유희 내용들도 고명처럼 담아 두었습니다.

〈초등 어휘 바탕 다지기 낱말 학습 내용〉

낱말의 내용 익히기	낱말의 의미 알기	낱말의 지시적 의미 알기
		낱말의 함축적 의미 알기
		낱말의 사전적 의미 알기
		낱말의 문맥적 의미 알기
		낱말의 중심적 의미 알기
		낱말의 주변적 의미 알기
		낱말의 관용적 의미 알기
		다의어의 의미 알기
	낱말의 의미 관계 알기	유의 관계 알기
		반의 관계 알기
		상하의 관계 알기
		동음이의 관계 알기
		다의 관계 알기
		공기 관계 알기

학습 활동의 구성과 특징

구체적인 모습이 아닌 어휘들과 그것들을 익히는 행위를 가능한 재미있고 구체적인 형상으로 만들었습니다. 서유기와 같은 피카레스크식 구성의 이야기를 줄거리로 하여 추상적이고 딱딱한 학습 활동들을 줄거리 속의 작은 에피소드로 이어지게 구성하였습니다. 이렇게 함으로써 학습자가 이야기의 주동인물(주인공)로 나서서 활동을 진행해 나갈 수 있습니다.

배경 이야기를 통해 어휘를 왜 익히고 늘여 나가야 하는지를 이해하고, 이어지는 구체적인 학습 활동을 반복되는 공부가 아닌 놀이처럼 받아들일 수 있도록 했습니다. 이를 위해 아이들이 요괴들과 다양한 형태의 어휘 대결을 펼치도록 했는데, 대결을 통해 성취감과 재미를 느끼게 해주는 것은 물론 학습 동기를 유발하고 의욕을 지속적으로 유지할 수 있게 했습니다.

어휘의 바탕을 다지는 5단계 학습

하루에 활동 3개씩

주제별로 한 주에 5일 동안 학습할 수 있도록 5개의 단계로 나누어 놓았습니다. 각 단계는 하루 학습 분량이고, 활동 개수는 3개입니다. 따라서 한 주에 해야 할 활동은 총 15개가 됩니다. 활동의 난이도나 아동의 실력에 따라 다소 차이가 있을 수 있지만 10~20분 내외에 하루 학습량을 끝낼 수 있을 것입니다.

단계별 활동 내용

각 단계별로 다루고 있는 활동은 단계별 학습 내용에 따라 배치됩니다. 단계별 학습 내용은 어휘의 기본적인 의미와 형태에서부터 어휘 간의 관계와 중의적 의미로까지 점점 심화되는 형태로 구성됩니다.

1단계

첫째 날 – 낌새의 장난

해당 주제에서 다루는 어휘가 무엇인지 살펴보고 이 어휘들의 사전적인 의미를 알아봅니다.

2단계

둘째 날 – 모양새의 방해

어휘의 형태를 살펴봄으로써 어휘들 사이에 공통으로 적용할 수 있는 요소가 있는지 알아보고 어휘와 어휘가 결합했을 때 새로운 의미의 어휘가 만들어지는 걸 이해합니다.

4단계

넷째 날 – 말본새의 심술

어휘의 중의적 의미나 관용적 의미에 대해 알아봅니다. 문장에 따라 사전적 의미와는 다른 새로운 의미가 부여될 수 있다는 것을 이해합니다.

3단계

셋째 날 – 말본새의 훼방

어휘 간의 의미 관계에 대해 알아봅니다. 유의, 반의, 포함 관계는 물론 어휘가 사용되는 환경이나 상황에 따른 연관성도 이해합니다.

5단계

다섯째 날 – 북새의 심통

지금까지 배운 어휘들을 정리하는 단계입니다. 여러 활동을 통해 어휘의 의미와 형태를 다시 복습하고 최종적으로 낱말 지도를 통해 어휘들을 계통적으로 분류하여 정리합니다.

구김새와 다섯 요괴

아주 먼 옛날, 세상에는 아직 글이란 게 없었습니다. 어떤 뜻을 나타내고 남겨 두려면 바위나 벽에 금을 몇 줄씩 그어 두는 게 고작이었습니다. 그런데 사람들이 점점 많아지고 세상일도 복잡해지면서 이런 방법은 갈수록 불편할 수밖에 없었답니다.

그러던 어느 날이었습니다. 어느 지혜로운 이가 새 발자국을 보고는 문득 이런 생각을 하게 되었습니다.

'새 발자국을 보면 저절로 새가 생각나잖아? 음, 그렇다면 새 발자국을 간단하게 그려서 이것을 '새'라는 말과 짝지어 읽으면 되겠다.'

지혜로운 이는 이 방법으로 다른 여러 가지 짐승도 나타내어 보고 여러 물건에도 같은 방법을 써 보았습니다. 그러고는 곧장 사람들에게 그림과 말을 짝짓는 방법을 알려 주었습니다. 그림에다 말과 뜻을 짝지어서 쓰는 방법은 참 편리하고 간단했습니다. 그래서 금방 널리 쓰이게 되었습니다. 그리고 이렇게 약속된 그림들에게 사람들은 '글'이라고 이름을 붙였습니다. 글을 만드는 방법을 사람들이 알게 되자 많은 글들이 생겨나게 되었습니다. 이렇게 생겨난 많은 글을 가지고 서로의 생각을 나누다 보니 사람들이 한층 똑똑해지고 지혜로워졌습니다.

그런데 세상 사람들이 글로 인해 점점 똑똑해지고 지혜로워지는 걸 시샘하고 두려워하는 존재가 있었습니다. 바로 땅속에 있던 귀신들이었지요. 귀신들은 사람들이 글 덕분에 똑똑해지고 지혜로워져서 자신들을 더 이상 두려워하지도 않고 받들지도 않을 것이라 생각했기 때문이었습니다.

귀신들은 사람들이 더 이상 똑똑해지면 안 되겠다고 생각했습니다. 그래서 우선은 글을 배우고 익히는 것을 방해하기로 마음먹었습니다. 귀신들은 이 고약한 계획에 부엉이를 이용하기로 했습니다. 부엉이의 몸을 빌어 세상에 나가 사람들의 마음과 생각을 망가뜨리려 했던 것이지요. 하필 부엉이인 까닭은 부엉이가 미운털이 단단히 박힌 탓이었습니다. 사람이 글을 만들어 내게 된 것은 새 발자국을 보면서였는데, 그 발자국이 바로 부엉이 것이었기 때문입니다.

귀신들은 부엉이의 몸을 빌어서 세상으로 나갈 귀신을 뽑았습니다. 그리고 뽑힌 귀신은 곤히 잠들어 있던 한 부엉이의 몸으로 스며 들어갔습니다. 부엉이 몸을 빌어 세상에 나온 귀신은 나중의 일이지만 '구김새'라고 불리게 됩니다.

세상에 나온 구김새는 곧장 부엉이와 올빼미들 가운데 몇몇을 마법으로 홀려 부하로 만들었습니다. 그들의 이름은 각각 '낌새, 모양새, 말본새, 북새'였습니다. 그리고 구김새는 부하들도 모르게 '촉새'라는 부하 요괴도 만들어 두었습니다. '촉새'는 흔히 집에서 볼 수 있는 시궁쥐로 부하 요괴들을 살피고 구김새에게 보고하는 일을 맡은 요괴였습니다.

이렇게 구김새는 다섯 부하 요괴와 함께 세상에 나가 사람들이 말과 글을 쓸 때면 언제나 우리 마음과 생각 속으로 몰래 끼어들어 방해를 놓았습니다. 그리고 사람들의 욕심을 부추겨 서로 헐뜯고 다투게 했습니다. 순식간에 세상은 엉망이 되

기 시작했고 구김새와 그 부하들의 계획은 성공하는 듯했습니다.

그런데 세상이 더 이상 험해질 수 없을 정도로 바뀐 어느 날이었습니다. 해가 멀쩡히 떠 있는 맑은 하늘에서 갑자기 곡식 낟알이 비처럼 쏟아지는 것이었습니다. 곡식 낟알이 내리는 것은 하늘이 세상 사람들을 돌보기 위한 것으로, 사람들이 말과 글로 더 이상 다투지 말고 곡식을 심고 키우며 사이좋게 지내게 하기 위함이었습니다. 낟알비의 정체를 알게 된 요괴들은 낟알들을 닥치는 대로 먹어 치웠습니다. 그런데 낟알에는 구김새도 알아차리지 못한 비밀이 한 가지 숨겨져 있었습니다. 낟알은 사람에게는 이롭지만 요괴들에게는 해로워서 요괴들을 멍청해지게 만들었습니다. 하늘은 만만해진 요괴들을 사람들이 이겨 내고 물리치는 가운데 말과 글을 제대로 배우고 익혀서 다시 지혜롭고 총명하게 되길 바란 것이지요. 낟

알을 먹을 수 있는 만큼 먹어 치운 요괴들은 자신도 모르게 한껏 멍청해져 함부로 나다닐 수 없게 되었습니다.

구김새를 비롯한 여러 요괴들은 생각했던 만큼 제대로 사람들의 생각을 망칠 수가 없었습니다. 제 형편을 깨달은 구김새는 슬쩍 작전을 바꾸었습니다. 세상 사람 모두를 상대하기보다는 만만한 아이들을 노리기로 한 것이지요. 아이들의 생각 속에 둥지를 틀고 앉아서 말과 글을 배우고 익히는 것을 방해하기로 마음먹은 것입니다. 그것은 아이들이 익힌 말과 글을 훔쳐 내고, 지우고, 잊어버리게 만드는 것입니다.

하지만 너무 걱정하거나 두려워할 필요는 없습니다. 이 이야기 바로 뒤에 구김새와 맞서러 가는 길을 만들어 두었기 때문입니다. 구김새를 비롯하여, 낌새, 모양새, 말본새, 북새가 가리고, 숨기고, 훔치고, 지워 버린 말과 글을 찾아서 배우고 익힐 수 있도록 말입니다. 자신감을 갖고 지금부터 구김새와 다섯 요괴들의 심술과 훼방을 하나하나 물리쳐 보세요.

나오는 낱말 훼방꾼들

구김새

부엉이의 몸을 빌어 세상에 나온 요괴의 우두머리. 부엉이와 올빼미들 중 몇몇을 마법으로 홀려 부하로 삼은 뒤 사람들이 글을 익혀 똑똑해지는 것을 막으려고 해요.

낌새

낱말을 익히는 걸 귀찮게 여기도록 만드는 임무를 맡은 부엉이. 어떤 일이 일어날지 미리 알아차릴 수 있는 눈치를 사람들에게서 빼앗아 버리는 특기를 가지고 있어요.

낱말의 꼴을 알아채지 못하도록 방해하는 임무를 맡은 부엉이. 낱말이 어떻게 이루어져 있는지 모르게 만들어 새 낱말을 만들거나 새 낱말의 뜻을 알아채지 못하게 해요.

모양새

말본새

낱말의 뜻과 쓰임새를 알아채지 못하도록 방해하는 임무를 맡은 부엉이. 낱말의 뜻을 잘못 알게 함으로써 사람들의 생각 속에서 거짓과 속임이 빚어지게 만들려고 해요.

북새

요괴 부엉이들 중 막내지만 가장 성격이 고약해요. 요괴들의 방해로 멍청해진 사람들을 부추겨 서로 잘난 체하며 시끄럽게 떠들도록 만들어서 결국에는 고집불통 바보 멍청이들로 만들려고 해요.

촉새

원래는 시궁쥐였는데 구김새가 부하 요괴를 살피고 세상 사람들의 이야기를 엿듣기 위해 새처럼 만든 요괴. 남의 말을 엿듣는 데 뛰어난 재주를 갖고 있지만 말과 하는 짓이 가볍고 방정맞지요.

말뭉치 지도

1 놀이 · 11

2 운동 · 27

3 동작 · 43

4 가구 · 59

5 탈것 · 75

6 식물 · 91

7 사람 · 107

8 빛깔 · 123

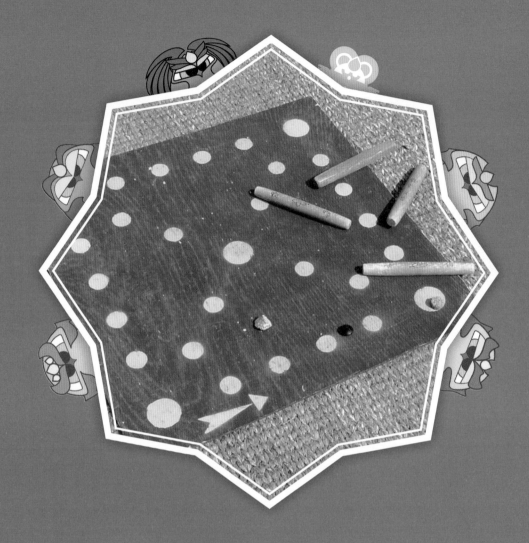

첫째 주
놀이 **1**

공기놀이처럼 놀이와 장난감을
가리키는 낱말을 가지고
부엉이 요괴들이 심통을 부리고
있습니다. 요괴들에게서
낱말을 되찾아 옵시다.

첫째 날

낌새의 장난

낌새가 놀이 낱말들을 알아보지 못하게 장난을 쳐 놓았어요.
낱말들이 본래의 모습으로 돌아갈 수 있도록
여러분이 도와주세요.

하나, 엉터리 놀이 낱말 놀이(장난감) 낱말, 알아보기

낌새가 놀이 낱말들을 한 글자씩 엉터리로 바꿔 놓았네요. 엉터리로 바꾼
글자를 바르게 고쳐 쓰세요.

빨래잡기

숨바ㄴ질

사위바위보

가

팔뚝박기

소꿈놀이

고물찾기

숫놀이

참말잇기

땅파먹기

수수미끼

머리잡기

종기놀이

둘, 장난감 낱말 놀이(장난감) 낱말 알아보기

낌새가 장난감을 가리키는 낱말을 슬쩍 바꿔 놓았어요. 장난감 낱말을 바르게 고쳐 ☐ 안에 쓰세요.

바람이 부니까 사람개비가 뱅글뱅글 돌아간다. **바 람 개 비**

맑은 하늘에 둥실 떠오르는 풍성 ☐☐

시연이가 신형을 껴안고 쿨쿨 잠을 잔다. ☐☐

짱구는 액션 라면을 쓰고 춤을 추었다. ☐☐

구들을 한 알 두 알 꿰어 목걸이를 만든다. ☐☐

아이들이 고무풀을 폴짝거리며 뛰어논다. ☐☐☐

핑핑 잘 돌던 꽹이가 흔들거리더니 멈췄다. ☐☐

주호가 제발자전거를 신나게 탄다. ☐☐☐☐☐

이웃 아이들과 하루 종일 제비를 차며 놀았다. ☐☐

옆 동네 아이들의 깍지를 모두 땄다. ☐☐

모양새의 방해

모양새가 낱말들이 어울려 새로운 낱말이 되는 걸 방해하고 있어요. 낱말들이 제자리를 찾아 새 낱말이 될 수 있도록 여러분이 도와주세요.

하나, '기'자로 끝나는 말 <small>낱말의 형태 알기</small>

모양새가 놀이 낱말을 가려 놓고 각각의 놀이에 대해 설명을 하고 있어요. 설명에 맞는 놀이 낱말을 보기 에서 찾아 쓰세요.

보기
땅따먹기 보물찾기 딱지치기 술래잡기 종이접기 그네뛰기 끝말잇기

땅을 많이 따먹어!	끝말을 이어 말해!	그네를 뛰어!
땅 따 먹 기		

술래가 되어 숨은 아이를 잡아!	보물 이름이 적힌 쪽지를 찾아!	종이를 접어서 무언가를 만들어!

모든 놀이 낱말이 '기'로 끝나네.

딱지가 뒤집어지게 쳐!

둘, 사라진 꼬리 찾기 낱말의 짜임새 알기

심술꾸러기 모양새가 꼬리가 같은 낱말들의 꼬리를 모두 없애 버렸어요. 두 낱말을 살펴보고
☐ 안에 알맞은 낱말을 보기 에서 찾아 쓰세요.

보기　　개비　뛰기　틀　터　놀이　줄　치기　동무

성냥 개비
바람 개비

널 ☐☐
그네 ☐☐

뜀 ☐
미끄럼 ☐

힘 ☐
고무 ☐

박 ☐☐
구슬 ☐☐

장 ☐
놀이 ☐

길 ☐☐
어깨 ☐☐

윷 ☐☐
소꿉 ☐☐

동무는 '친구'와 같은 말이야.

셋, 놀리고 어르고　동작이나 소리를 흉내 낸 말 알기

모양새가 놀리거나 어르는 데 쓰는 낱말들을 잡아다가 흉내를 내고 있어요. 그림을 보고 알맞은 낱말에 ⃝ 하세요.

~~까꿍~~
짝꿍
꿍꿍

해롱
조롱
메롱

요리조리
호리호리
도리도리

짝짜꿍짝짜꿍
쿵더쿵쿵더쿵
덩더꿍덩더꿍

알나리깔나리
알라꿍달라꿍
얼러꿍덜러꿍

닐리리
얼씨구
에구머니

셋째 날

말본새의 훼방

말본새가 낱말들이 갖고 있는 뜻을 알지 못하게
훼방을 놓고 있어요. 낱말들이 제 역할을
할 수 있도록 도와주세요.

하나, 놀이 형제 장난감 사촌 낱말의 연상적 의미 알기

말본새가 놀이나 장난감 낱말을 감추어 놓고 그 놀이나 장난감과 닮은 것의
사진을 붙여 두었어요. 말본새가 붙여 놓은 사진을 보고 어떤 놀이나 장난감
인지 알아내어 빈칸에 쓰세요.

굴 렁 쇠

소

개 비

어 깨

치 기

각 시

뛰 기

장 구

18 초등 어휘 바탕 다지기

둘, 이다니까 낱말의 연상적 의미 알기

말본새가 놀이나 장난을 가리키는 낱말을 빗대어 말하고 있어요. 어떤 낱말을 가리키는 것인지 □에 들어갈 알맞은 낱말을 찾아 ◯ 하세요.

□롱은 뱀이다.
혀를 날름거리니까!

재 메 해

□래는 탐정이다.
숨은 사람을 찾으니까!

술 노 가

가위바위□는 물고 물리는
사이다. 이겼다 졌다 하니까!

소 고 보

□소는 양팔 저울이다.
이쪽저쪽으로 기우니까!

시 젖 염

풍□은 배다. 불룩해졌다
홀쭉해졌다 하니까!

금 선 물

□이는 자전거다. 움직이지
않으면 쓰러지니까!

송 종 팽

셋, 같은 소리 다른 말 동음이의 관계의 낱말 알기

말본새가 소리는 같지만 뜻이 다른 낱말을 섞어 두었어요. 첫 번째 글에 쓰인 낱말과 뜻이 같은 낱말은 어느 것일까요? 나머지 두 글에서 같은 낱말이 쓰인 것을 찾아 ✔ 하세요.

놀이 도구를 가리키는 낱말을 찾으면 돼.

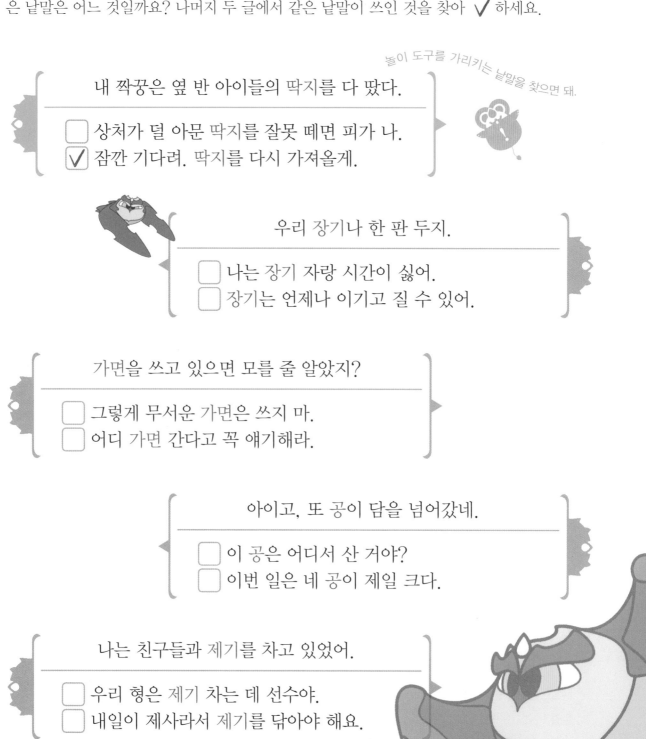

내 짝꿍은 옆 반 아이들의 딱지를 다 땄다.

☐ 상처가 덜 아문 딱지를 잘못 떼면 피가 나.
✔ 잠깐 기다려. 딱지를 다시 가져올게.

우리 장기나 한 판 두지.

☐ 나는 장기 자랑 시간이 싫어.
☐ 장기는 언제나 이기고 질 수 있어.

가면을 쓰고 있으면 모를 줄 알았지?

☐ 그렇게 무서운 가면은 쓰지 마.
☐ 어디 가면 간다고 꼭 얘기해라.

아이고, 또 공이 담을 넘어갔네.

☐ 이 공은 어디서 산 거야?
☐ 이번 일은 네 공이 제일 크다.

나는 친구들과 제기를 차고 있었어.

☐ 우리 형은 제기 차는 데 선수야.
☐ 내일이 제사라서 제기를 닦아야 해요.

말본새의 심술

말본새가 낱말들의 쓰임새를 알지 못하게
심술을 부리고 있어요. 낱말들이 쓰임새에 따라
제 역할을 할 수 있도록 도와주세요.

하나, 낱말 카드 게임 낱말의 주변적 의미 알기

심술쟁이 말본새가 카드 게임을 하자고 하네요. 게임에서 이기려면 동작과 어울리지 않는 낱말이 적힌 카드를 골라내야 해요. 어울리지 않는 낱말이 적힌 카드를 찾아 ○ 하세요.

치다
| 팽이 | 딱지 | (춤) |

타다
| 썰매 | 방울 | 시소 |

불다
| 구슬 | 풍선 | 휘파람 |

잡다
| 술래 | 꼬리 | 가면 |

하다
| 게임 | 로봇 | 어깨동무 |

부리다
| 재주 | 마술 | 재미 |

둘, 낱말 달걀 유의 관계의 낱말 알기

말본새가 달걀에 놀이와 장난 낱말들을 적어 놓고, 빈 달걀에 비슷한 낱말을 적어 보라고 하네요. 달걀에 적힌 낱말과 비슷한 낱말을 보기 에서 찾아 달걀에 쓰세요.

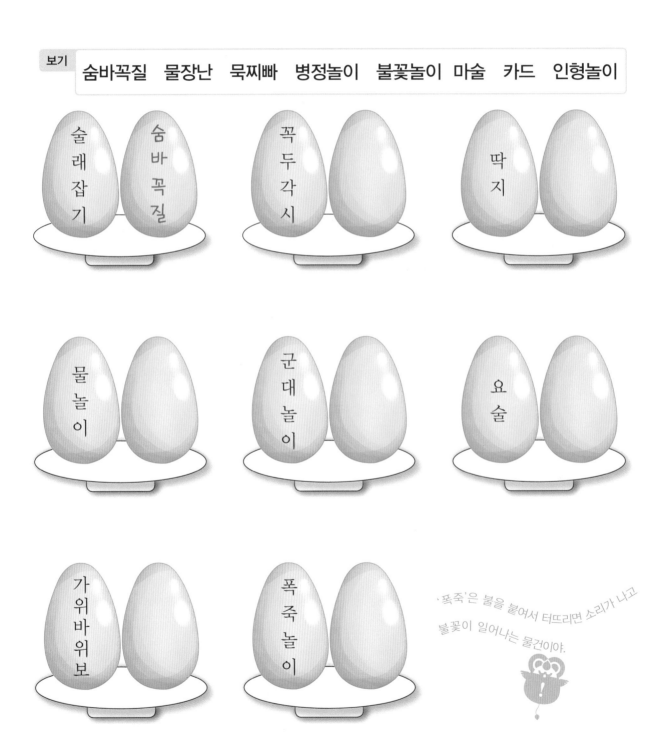

보기 숨바꼭질 물장난 묵찌빠 병정놀이 불꽃놀이 마술 카드 인형놀이

술래잡기 숨바꼭질

꼭두각시

딱지

물놀이

군대놀이

요술

가위바위보

폭죽놀이

'폭죽'은 불을 붙여서 터뜨리면 소리가 나고 불꽃이 일어나는 물건이야.

셋, 엉뚱엉뚱 동음이의 관계의 낱말 알기

말본새가 심술을 부려 둘 이상의 낱말을 붙여서 본래의 뜻과는 다른 말이 되도록 만들었어요.
어떤 뜻인지 생각해 보고 알맞은 설명에 ✔ 하세요.

문제 해결의 공이 나에게 넘어왔다.

- [ ] 문제 해결을 위해 공을 차야 한다.
- [✔] 문제 해결 방법을 찾아야 한다.

딱지를 맞았다고 포기하면 안 돼.

- [ ] 거절당했다고 포기하면 안 돼.
- [ ] 딱지를 잃었다고 포기하면 안 돼.

영희와 철수는 서로
짝짜꿍이 잘 맞는다.

- [ ] 영희와 철수는 박자에 맞춰
  손뼉을 쳤다.
- [ ] 영희와 철수는 말이나 행동이
  잘 맞는다.

이제 가면을 벗고
솔직하게 말하는 게 어때?

- [ ] 이제 가면 놀이는 그만하는 게
  어때?
- [ ] 이제 거짓으로 속이려는 짓은
  그만하는 게 어때?

북새의 심통

북새가 지금까지 배운 낱말들을 알아볼 수 없도록 숨기거나 엉뚱하게 만들고 있어요. 북새의 심통에 낱말들이 도망가지 않도록 여러분이 지켜 주세요.

하나, 숨은 낱말 찾기   놀이(장난감) 어휘 알기

북새가 놀이와 장난을 가리키는 낱말을 한 글자씩 따로 떼어 낸 다음 중얼거리는 말 속에 숨겨 놓았어요. 북새가 중얼거리는 말을 보고 숨겨진 낱말을 찾아 ◯ 하세요.

풍금 소리에 선생님은
눈을 감았다.

시소   (풍선)   눈사람

후딱 먹고 가.
지각하면 되겠니?

장기   고무줄   딱지

첫 글자가 무엇인지 잘 살펴봐.

꼭 두 번씩 각오를 다지고
시작해라.

꼭두각시   기차놀이   어깨동무

버스가 오면 무조건 타고
고개 넘어서 내려라.

바람개비   스무고개   호루라기

아빠는 휘발유 파는 사람이야.

휘파람   신바람   눈사람

학교 종이 땡땡땡. 3교시로
접어들기 시작했다.

술래잡기   종이접기   미끄럼틀

둘, 낱말놀이 놀이(장난감) 어휘 알기

놀이라는 말이 쓰인 낱말을 몽땅 챙겨 달아나려고 하는 북새를 잡았어요. 순순히 내놓을 것 같지는 않군요. 북새와 한판 낱말놀이에서 이겨야 할 것 같네요. 보기 의 놀이 낱말들을 보고 북새의 낱말 퀴즈를 풀어 보세요.

보기
말놀이	물놀이	뱃놀이	꽃놀이
소꿉놀이	병정놀이	전쟁놀이	군대놀이
단풍놀이	쥐불놀이		

'놀이'를 '장난'으로 바꾸어 쓸 수 있는 낱말은?

말 장난,　□ 장난,　□□ 장난

쥐불놀이는 정월 대보름 전날 밤에 아이들이 기다란 막대기나 줄에 불을 붙여 빙빙 돌리는 놀이야.

이름만 다르지 똑같아요. 세쌍둥이 놀이는?

□□ 놀이,　□□ 놀이,　□□ 놀이

봄에는 □ 놀이　　여름에는 □ 놀이

가을에는 □□ 놀이　　겨울에는 □□ 놀이

셋, 놀이 낱말 지도 놀이(장난감) 어휘 알기

북새가 놀이에 대한 생각을 할 수 없도록 놀이 낱말을 군데군데 지워 놓았어요. 낱말들이 이어져 있는 짜임새를 살펴보고, ☐ 안에 알맞은 글자를 써 넣어 지도를 완성하세요.

☐☐ 고개

☐ 장난

끝말 ☐☐

물놀이

각시놀이 — 인 ☐

☐☐ 께끼

말놀이

공놀이 — 공

놀이

구슬치기

☐☐

말 ☐☐ 기

게임   장난

땅 ☐☐ 기

장난감

딱지치기

딱지

☐☐

병정놀이

☐☐ 놀이

☐☐ 놀이

전쟁놀이

둘째 주

운동2

축구나 테니스처럼 운동을
가리키는 낱말을 가지고
부엉이 요괴들이 심통을 부리고
있습니다. 요괴들에게서
낱말을 되찾아 옵시다.

낌새의 장난

낌새가 운동 낱말들을 알아보지 못하게 장난을 쳐 놓았어요.
낱말들이 본래의 모습으로 돌아갈 수 있도록
여러분이 도와주세요.

하나, 공놀이야 운동 낱말 알아보기

낌새가 공을 가지고 하는 운동들을 구시렁대며 말하고 있어요. 하지만 어떤 낱말인지는 알려 주지 않고 있는데요. 공 모양에 알맞은 운동 낱말을 빈칸에 쓰세요.

발로 공차기지 뭐!

| 축 | 구 |

바구니에 던져 넣기지 뭐!

방망이로 공 치기지 뭐!

공 굴려서 쓰러뜨리기지 뭐!

긴 막대기로 공 맞히기지 뭐!

공을 쳐서 구멍에 넣기지 뭐!

탁자 위에서 공 넘기기지 뭐!

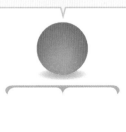

손으로 공을 쳐서 넘기기지 뭐!

둘, 싸움이야 운동 낱말 알아보기

낌새가 두 사람이 서로 몸으로 맞붙어 싸우는 운동들을 구시렁대고 있어요. 낌새의 말을 잘 살펴보고 알맞은 운동 낱말을 보기 에서 찾아 빈칸에 쓰세요.

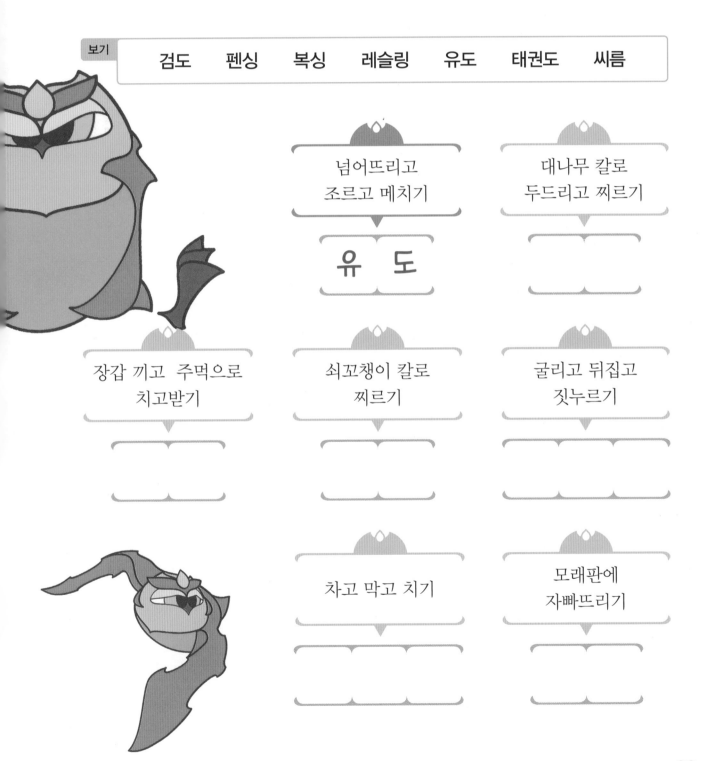

보기 검도 펜싱 복싱 레슬링 유도 태권도 씨름

넘어뜨리고 조르고 메치기
→ 유 도

대나무 칼로 두드리고 찌르기

장갑 끼고 주먹으로 치고받기

쇠꼬챙이 칼로 찌르기

굴리고 뒤집고 짓누르기

차고 막고 치기

모래판에 자빠뜨리기

셋, 숨어 있는 낱말 운동 낱말 회상하기

글자표에 있는 낱말들은 모두 운동을 가리키는 낱말들인데요. 그 낱말들 사이에 운동과 같은
뜻의 낱말이 숨겨져 있어요. 운동 낱말을 모두 찾아 지우면 숨은 낱말이 저절로 드러나지요.
그 낱말이 무엇인지 찾아 쓰세요.

~~체조~~역도수영스케이팅스키

다이빙야구마라톤테니스배

드민턴핸드볼스럭비하키사

이클링양궁탁구사격아이스

하키피겨스케이팅펜싱육상

태권도유도포복싱레슬링배

구골프크로스컨트리츠볼링

| ㅅ | | |

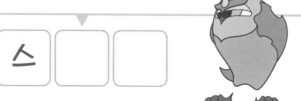

모양새의 방해

모양새가 낱말들이 어울려 새로운 낱말이 되는 걸 방해하고 있어요. 낱말들이 제자리를 찾아 새 낱말이 될 수 있도록 여러분이 도와주세요.

하나, 세 낱말 한 글자 낱말의 형태 알아보기

모양새가 운동 낱말들을 사진에 감추어 놓았는데, 그 낱말들에는 모두 한 글자씩 같은 글자가 있어요. 무엇인지 생각해 보고 빈칸에 알맞은 글자를 쓰세요.

   [도]

   [ ]

   [ ]

   [ ]

둘, 시치미 떼기　낱말의 형태 알아보기

모양새가 운동 낱말 중 한 글자를 슬쩍 고쳐 놓고는 시치미를 떼고 있어요. 짝지어진 세 낱말
가운데 모양새가 엉터리로 써 놓은 낱말을 찾아 ◯ 하세요.

씨름
사격
(마라통)

권투
배드민튼
탁구

금도
럭비
수영

스캐이트
축구
야구

테니스
팬싱
역도

사이클링
래슬링
골프

'ㅐ'와 'ㅔ'는 소리가 비슷해서 잘못 쓰는 경우가 많아.

테권도
축구
농구

다이빙
핸드볼
하끼

채조
당구
유도

셋, 소리와 어울리는 낱말 동작이나 소리를 흉내 낸 말 알기

세 운동 낱말 가운데 모양새가 말하는 흉내말과 가장 잘 어울리는 낱말을 찾아 ◯ 하세요.

퍽퍽	뺑뺑	씽씽
(권투)	레슬링	배구
스키	체조	씨름
농구	축구	사이클링

팡팡	쏙쏙	풍덩
테니스	농구	씨름
수영	검도	다이빙
역도	유도	하키

어푸어푸	데구르르	미끌미끌
배구	태권도	스케이팅
탁구	볼링	양궁
수영	다이빙	핸드볼

말본새의 훼방

말본새가 낱말들이 갖고 있는 뜻을 알지 못하게 훼방을 놓고 있어요. 낱말들이 제 역할을 할 수 있도록 도와주세요.

하나, 같은 운동 다른 이름 　유의 관계의 낱말 알기

말본새가 같은 운동이지만 이름이 다른 것을 모아 놓았어요. 운동의 다른 이름을 알아내면 말본새가 숨기고 있는 낱말들을 되찾아 올 수 있어요. ☐ 안에 알맞은 글자를 쓰세요.

운동이나 스포츠나, 그게 그거!

정구나 　테　니　스　나, 그게 그거!

핑퐁이나 　☐　구　나, 그게 그거!

송구나 　☐　☐　볼　이나, 그게 그거!

활쏘기나 　☐　궁　이나, 그게 그거!

권투나 　☐　싱　이나, 그게 그거!

이어달리기나 　☐　주　나, 그게 그거!

둘, 운동할 때 쓰는 말 낱말의 주변적 의미 알기

말본새가 운동을 할 때 쓰는 말을 중얼거리고 있어요. 어떤 운동과 관계있는 것인지 생각해 보고 알맞은 낱말에 ◯ 하세요.

스트라이크

야구
축구
유도

과녁

권투
핸드볼
양궁

서브

축구
레슬링
탁구

배턴

계주
하키
럭비

배턴은 바통의 표준말이야.

패스

야구
축구
사이클링

트랙

배드민턴
럭비
스케이팅

골

당구
농구
배구

아웃

테니스
유도
역도

슛

씨름
핸드볼
수영

셋, 어색한 낱말 낱말의 주변적 의미 알기

말본새가 움직임을 나타내는 말과 그에 어울리는 운동 낱말 셋을 함께 묶어 놓았어요. 그런데 그 가운데 어색한 낱말 하나가 끼어 있어요. 어색한 운동 낱말을 찾아 ◯ 하세요.

차다

태권도   축구   （테니스）

던지다

야구   수영   농구

뛰다

역도   마라톤   하키

쏘다

양궁   사격   펜싱

치다

권투   체조   탁구

잡다

유도   레슬링   다이빙

넷째 날

말본새의 심술

말본새가 낱말들의 쓰임새를 알지 못하게 심술을 부리고 있어요. 낱말들이 쓰임새에 따라 제 역할을 할 수 있도록 도와주세요.

하나, 머나 먼 친구 낱말의 의미 관계 알기

말본새가 운동 낱말들 가운데 세 낱말과 사이가 먼 낱말을 하나 끼워 두었어요. 세 낱말과 가장 거리가 먼 낱말을 골라 ○ 하세요.

배구	테니스
탁구	(럭비)

하키	야구
검도	스케이팅

권투	태권도
스키	유도

손에 도구를 가지고 하는 운동이 아닌 것을 찾아봐.

펜싱	레슬링
씨름	유도

핸드볼	사이클링
럭비	축구

골프	테니스
배드민턴	수영

맨손으로 하는 운동이 아닌 것을 찾아봐!

당구	볼링
탁구	야구

실내에서 하는 운동이 아닌 것을 찾아봐!

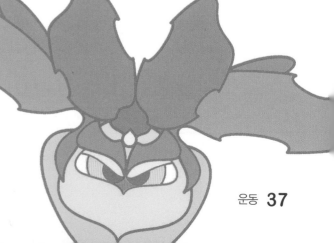

운동 **37**

둘, 이를테면 말이지 낱말의 연상적 의미 알기

말본새가 운동 낱말을 말하고 있는데요. 고약하게도 엉뚱한 운동 낱말을 빌어서 나타내고 있어요. 도대체 무슨 운동 낱말일까요? 알맞은 운동 낱말에 ◯ 하세요.

이를테면 말이지,

(핸드볼) / 볼링 / 야구 는(은) 손으로 하는 축구야.

탁구 / 배드민턴 / 농구 는(은) 탁자에서 하는 테니스야.

역도 / 펜싱 / 야구 는(은) 쇠꼬챙이로 하는 검도야.

태권도 / 다이빙 / 레슬링 는(은) 샅바 없이 하는 씨름이야.

계주 / 농구 / 수영 는(은) 물속에서 하는 달리기야.

스키 / 하키 / 골프 는(은) 눈 위에서 하는 스케이팅이야.

배구 / 양궁 / 볼링 는(은) 손으로 하는 배드민턴이야.

복싱 / 검도 / 테니스 는(은) 손만 쓰는 태권도야.

사이클링 / 다이빙 / 체조 는(은) 자전거로 하는 마라톤이야.

셋, 빗대어 말해 낱말의 관용적 의미 알기

말본새가 일이나 물건을 직접 설명하지 않고 빗대어서 말하고 있어요. 그림을 보고 ☐ 안에
알맞은 글자를 쓰세요.

모두 운동과 관계있는 낱말들이야.

| 럭 | 비 | 공 | 처럼 어디로 튈지 몰라!

행동이나 성격이 짐작하기 어렵다.

사람이 살아가는 일은 ☐ ☐ 톤 이야.

사람이 살아가는 일이 길고 힘들다.

달밤에 ☐ 조 해?

상황이나 때에 맞지 않은 짓을 비꼬는 말.

먹는 데는 ☐ ☐ 언 이야.

어떤 일의 실력이 뛰어난 사람을 비꼬는 말.

이제는 내게 ☐ 통 을 넘겨!

책임이나 역할 따위를 넘겨받다.

북새의 심통

북새가 지금까지 배운 낱말들을 알아볼 수 없도록 숨기거나 엉뚱하게 만들고 있어요. 북새의 심통에 낱말들이 도망가지 않도록 여러분이 지켜 주세요.

하나, 낱말 북새통 운동 어휘 알기

북새가 지금까지 익힌 운동이나 운동과 관계있는 낱말들을 막 섞어 놓았어요. 그러고는 섞여 있는 낱말의 개수가 몇 개인지 알려 주네요. 북새가 섞어 놓은 낱말들을 가려내어 빈칸에 쓰세요.

2

복펜싱

| 복싱 | 펜싱 |

3

키테니케이스트

| | | |

3

태권도투검

| | | |

3

배드핸볼민턴구

| | | |

3

볼사격이클링

| | | |

3

패스포츠키

| | | |

둘, 북새깡통 운동 어휘 알기

북새가 지금까지 익힌 운동 낱말을 훔쳐다 북새깡통에 숨겨 놓았어요. 그리고 자기만 알아볼
수 있도록 깡통 위에 표시를 해 놓았지요. 표시 낱말을 보면 깡통 속에 있는 운동 낱말을 떠
올릴 수 있어요. 알맞은 낱말에 ⭕ 하세요.

자전거
사이클링
검도
축구

방망이
레슬링
스케이팅
야구

칼
검도
배드민턴
태권도

파리채
다이빙
마라톤
테니스

아령
역도
수영
하키

그물
배구
골프
당구

제기
배드민턴
볼링
스키

구슬
씨름
양궁
당구

셋, 운동 낱말 지도 운동 어휘 알기

북새가 운동에 대한 생각을 할 수 없도록 운동 낱말 지도를 군데군데 지워 놓았어요. 낱말들이 이어져 있는 짜임새를 살펴보고, ☐ 안에 알맞은 글자를 써 넣어 지도를 완성하세요.

이어달리기

수 ☐   다이 ☐

☐☐ 톤

육상 경기

수구   스케이팅

수상 경기

아이스 ☐☐

☐ 조

역 ☐

빙상 경기

운동

스 ☐

테니스   야구

태 ☐☐

축구

☐ 름   구기   배 ☐

격투기

유도

농구

권 ☐   럭 ☐   탁구

셋째 주

동작 3

움직임이나 동작을
나타내는 낱말을 가지고
부엉이 요괴들이 심통을 부리고
있습니다. 요괴들에게서
낱말을 되찾아 옵시다.

낌새의 장난

낌새가 동작 낱말들을 알아보지 못하게 장난을 쳐 놓았어요.
낱말들이 본래의 모습으로 돌아갈 수 있도록
여러분이 도와주세요.

하나, 다다 모두 다 동작 낱말 회상하기

낌새가 '다'로 끝나는 두 글자 낱말들을 숨겨 놓았어요. 모두 동작이나 자
세를 나타내는 낱말들이지요. '다'와 이어서 쓰면 낱말이 되는 한 글자를
모두 지워 보세요. 그러면 두 글자가 남아요. 남은 글자를 빈칸에 쓰세요.

 들다, 앉다, 잡다, 서다 등
두 글자 낱말이 보이네.

들	앉	잡	서	움	치	걷	울
안	찍	불	씹	뛰	싸	펴	돌
눕	떨	쥐	뜨	집	지	밟	물
끼	차	뻗	짚	꺾	뱉	기	꼽
꿇	누	꼬	직	빨	웃	날	먹

| | | | | 이 | 다. |

둘, 꼼짝달싹 동작 낱말 알아보기

낌새가 우리 몸을 꼼짝도 못하게 동작을 나타내는 낱말을 붙잡고 있어요. 낌새가 붙잡고 있는 낱말들을 풀어 주려면, 몸의 어디와 관계있는 것인지 대꾸해 주면 되지요. 동작에 알맞은 몸 낱말을 빈칸에 쓰세요.

걷다 → 다 리

차다 →

쥐다 →

보다 →

맡다 →

먹다 →

신다 →

듣다 →

뻗다 →

셋, 얼음 땡, 움찔 동 동작 낱말 알아보기

낌새가 동작 낱말 뭉치를 모아다 '얼음 땡' 마법으로 꽁꽁 얼려 놓았어요. 낌새의 얼음 땡 마법을 푸는 방법은 간단해요. **보기**의 낱말 중에서 사람이나 사물의 상태나 성질을 나타내는 것은 '얼음 땡', 움직임을 나타내는 것은 '움찔 동' 칸에 써 넣으면 되지요.

보기

먹다 싫다 씻다 읽다 밉다 좋다 입다 덥다
신다 크다 벗다 춥다 보다 작다 곱다 듣다

얼음 땡

좋다

움찔 동

먹다

모양새의 방해

모양새가 낱말들이 어울려 새로운 낱말이 되는 걸 방해하고 있어요. 낱말들이 제자리를 찾아 새 낱말이 될 수 있도록 여러분이 도와주세요.

하나, 헷갈려 헛갈려 낱말의 형태 알아보기

모양새가 소리가 비슷한 동작 낱말들을 섞어 놓았어요. 그림을 보고 알맞은 낱말을 골라 ○ 하세요.

짓다	(짖다)
집다	짚다

잇다	있다
읽다	익다

받다	밟다
밝다	박다

닫다	닦다
닿다	닳다

싫다	씻다
싣다	씹다

묶다	묵다
묽다	묻다

둘, 낱말 수술 둘 이상의 낱말이 결합된 낱말 알기

모양새가 동작 낱말을 두 개의 낱말로 갈라 놓았어요. 나누어진 두 낱말을 살펴보고, 어떤 낱말일까 생각해서 다시 합쳐 주세요.

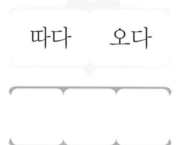

오다 가다	따다 오다	까다 먹다
오 가 다		

빼다 먹다	파다 묻다	날다 뛰다

뛰다 놀다	가다 보다	나다 가다

셋, 말꼬리 찾기 둘 이상의 낱말이 결합된 낱말 알기

모양새가 말꼬리를 보여 주면서 이 말꼬리에 들어갈 동작 낱말을 찾아보라고 하네요. 주어진
말꼬리에 잘 어울리는 낱말을 찾아 ◯ 하세요.

오다

다가◻◻
돌려◻◻
걸터◻◻

주다

도망◻◻
뛰어◻◻
건네◻◻

받다

건너◻◻
찾아◻◻
물려◻◻

서다

돌아◻◻
힘◻◻
배어◻◻

앉다

넘어◻◻
둘러◻◻
철◻◻

들다

참아◻◻
힘◻◻
읽어◻◻

나다

찾아◻◻
건네◻◻
깨어◻◻

가다

넘어◻◻
철◻◻
벌◻◻

말본새의 훼방

말본새가 낱말들이 갖고 있는 뜻을 알지 못하게
훼방을 놓고 있어요. 낱말들이 제 역할을
할 수 있도록 도와주세요.

하나, 말 바꾸기   유의 관계의 낱말 알기

말본새가 위에 있는 동작 낱말과 바꿔 쓸 수 있는 낱말이라며 몇 가지 낱
말을 중얼대고 있어요. 그런데 그 가운데 은근슬쩍 엉뚱한 낱말을 하나씩
끼워 두었네요. 바꿔 쓸 수 없는 엉뚱한 낱말에 ◯ 하세요.

걷다

거닐다
(흔들다)
산책하다
서성이다

씻다

감다
닦다
목욕하다
만나다

안다

품다
보듬다
부여잡다
포옹하다

먹다

마시다
삼키다
넘기다
생각하다

자다

잠들다
체포하다
곯아떨어지다
취침하다

싸우다

마주보다
겨루다
경쟁하다
다투다

둘, 한 입으로 두 말 동음이의 관계의 낱말 알기

말본새가 동작 낱말의 쓰임새를 알려 주겠다며 떠들고 있어요. 그런데 주의하세요. 말본새가 떠드는 세 말 중 하나는 겉모습은 같아도 전혀 다른 말이니까요. 뜻이 다른 동작 낱말을 찾아 ◯ 하세요.

가발을 쓴다.

이름을 쓴다.

모자를 쓴다.

커피를 탄다.

기차를 탄다.

버스를 탄다.

오늘은 쉰다.

회사가 쉰다.

한숨을 쉰다.

보자기에 싸.

변기에 싸.

포장지에 싸.

공을 찼다.

제기를 찼다.

물이 가득 찼다.

동작 **51**

셋, 이름표 붙이기 상하 관계의 낱말 알기

말본새가 동작 낱말들을 잡아다 상자에 가두고 이름표를 하나씩 붙여 두었어요. 되찾아 오려면 가려진 낱말을 알아내야 하는데 가려진 낱말은 나머지 두 낱말을 모두 아우를 수 있는 낱말이래요. ☐ 안에 알맞은 글자를 **보기** 에서 찾아 쓰세요.

보기   라 말 각 다 만 주 입 알

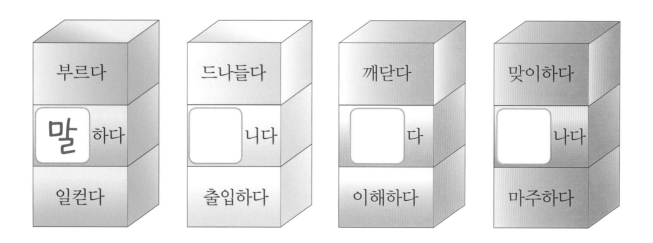

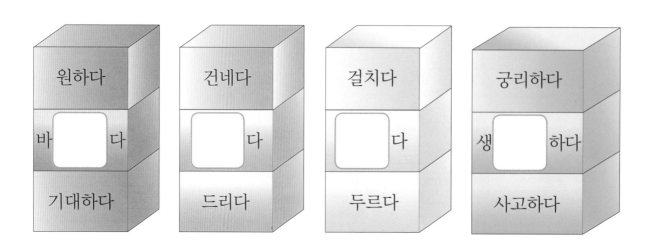

말본새의 심술

말본새가 낱말들의 쓰임새를 알지 못하게
심술을 부리고 있어요. 낱말들이 쓰임새에 따라
제 역할을 할 수 있도록 도와주세요.

하나, 꽁알꽁알 반의 관계의 낱말 알기

말본새가 두 개의 낱말이 어울려 하나가 된 낱말을 잡아다 꽁알에 숨겨 두었
어요. 그런데 이 낱말은 서로 반대되거나 맞서는 두 낱말이 합쳐진 것이래요.
□ 안에 알맞은 글자를 보기 에서 찾아 쓰세요.

보기   받 가 내 닫 팔 받 짧

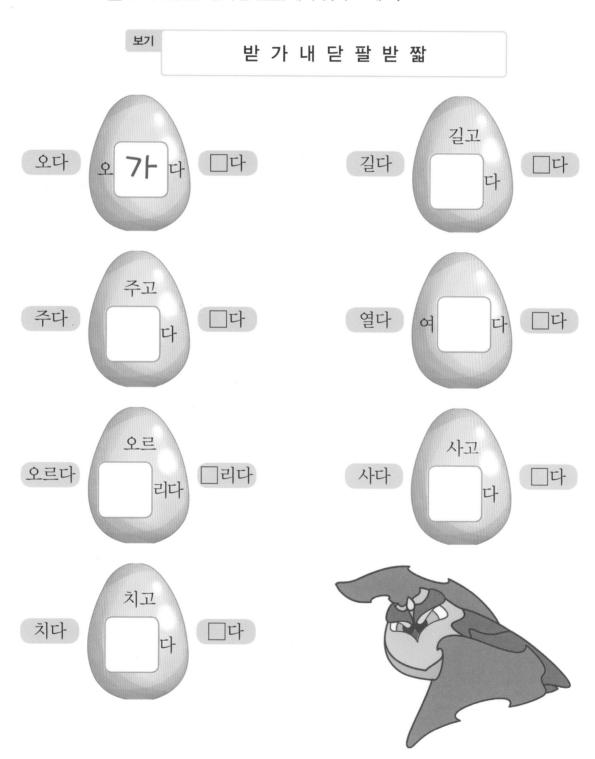

오다   오 **가** 다   □다

길다   길고 ___ 다   □다

주다   주고 ___ 다   □다

열다   여 ___ 다   □다

오르다   오르 ___ 리다   □리다

사다   사고 ___ 다   □다

치다   치고 ___ 다   □다

둘, 종알종알 유의 관계의 낱말 알기

말본새가 두 개의 낱말이 어울려 하나가 된 낱말을 잡아다 종알에 숨겨 두었어요. 그런데 이 낱말은 서로 비슷하거나 같은 두 낱말이 합쳐진 것이래요. ☐ 안에 알맞은 글자를 **보기** 에서 찾아 쓰세요.

보기 엎 싸 넘 잡 주 두 타 당

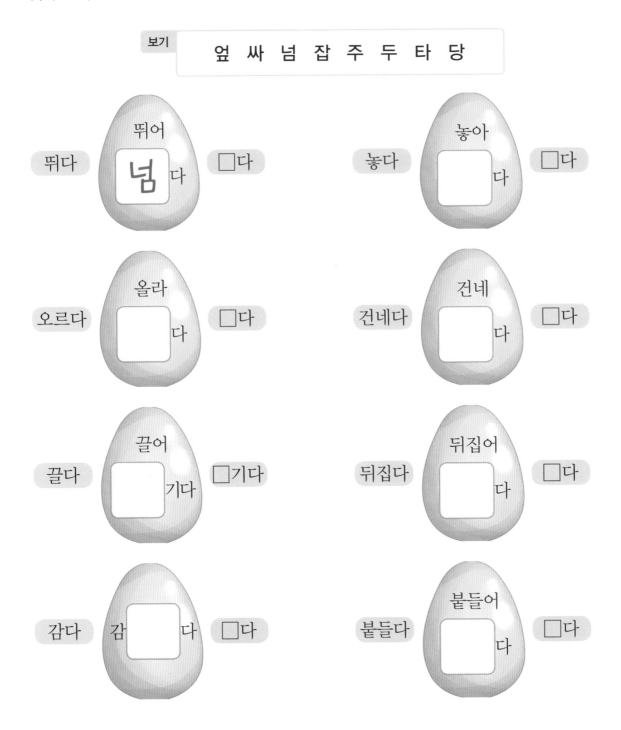

뛰다 — 뛰어 **넘** 다 → ☐다

놓다 — 놓아 ☐ 다 → ☐다

오르다 — 올라 ☐ 다 → ☐다

건네다 — 건네 ☐ 다 → ☐다

끌다 — 끌어 ☐ 기다 → ☐기다

뒤집다 — 뒤집어 ☐ 다 → ☐다

감다 — 감 ☐ 다 → ☐다

붙들다 — 붙들어 ☐ 다 → ☐다

셋, 엉뚱엉뚱 낱말의 관용적 의미 알기

빨간색 낱말들은 둘 이상의 낱말이 어울려 본래의 뜻과는 전혀 다른 말이 되었어요. 말본새가 심술을 부린 것이지요. 어떤 뜻인지 생각해 보고 알맞은 설명에 ✔ 하세요.

이제 밀고 당기기는 그만하지?

⬇

✔ 이제 실랑이는 그만하지?
☐ 이제 끌어내지 그래?

정말, 알다가도 모르겠다.

⬇

☐ 정말, 기억이 하나도 안 난다.
☐ 정말, 이해가 되지 않는다.

죽으나 사나 해야 할 일이야.

⬇

☐ 죽어서나 할 수 있는 일이야.
☐ 어쩔 수 없이 해야 할 일이야.

엄마 얼굴을 빼다 박았네!

⬇

☐ 엄마와 꼭 닮았네!
☐ 엄마가 가면을 썼네!

도토리 키 재기 하니?

⬇

☐ 고만고만한 애끼리 다투니?
☐ 누가 키가 큰지 겨루는 거니?

엎치나 메치나야.

⬇

☐ 둘 중에 하나야.
☐ 이렇게 하나 저렇게 하나 마찬가지야.

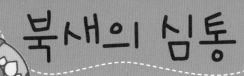
북새의 심통

북새가 지금까지 배운 낱말들을 알아볼 수 없도록 숨기거나 엉뚱하게 만들고 있어요. 북새의 심통에 낱말들이 도망가지 않도록 여러분이 지켜 주세요.

하나, 북새의 휴대전화 동작 어휘 알기

북새가 동작을 나타내는 낱말들을 휴대전화 속에 가두어 놓았어요. 낱말들을 되찾아 오려면 잠금 장치를 풀어야 하는데요. '날다'에서 시작해서 '집다'까지의 순서로, 동작을 나타내는 낱말들을 모두 찾아내어 줄로 이으면 잠금 장치를 풀 수 있어요.

한 칸씩 한 칸씩 이어가야 해.
안 그러면 날아가지롱!

둘, 몸 쓰는 낱말 못 쓰는 낱말 _{동작 어휘 알기}

북새가 몸의 움직임을 나타내는 낱말들 중에서 몸의 일부를 가리키는 낱말을 훔쳐 달아나 버렸어요. 다시는 몸을 움직이지 못하게 말이지요. 그림을 보고 알맞은 몸 낱말을 찾아 ☐ 안에 쓰세요.

눈 여겨보다

담아듣다

맞춤하다

동무하다

걸이하다

가락질하다

짱부리다

길질하다

셋, 동작 낱말 지도 동작 어휘 알기

북새가 동작에 대한 생각을 할 수 없도록 동작 낱말 지도를 군데군데 지워 놓았어요. 낱말들
이 이어져 있는 짜임새를 살펴보고, ☐ 안에 알맞은 글자를 써 넣어 지도를 완성하세요.

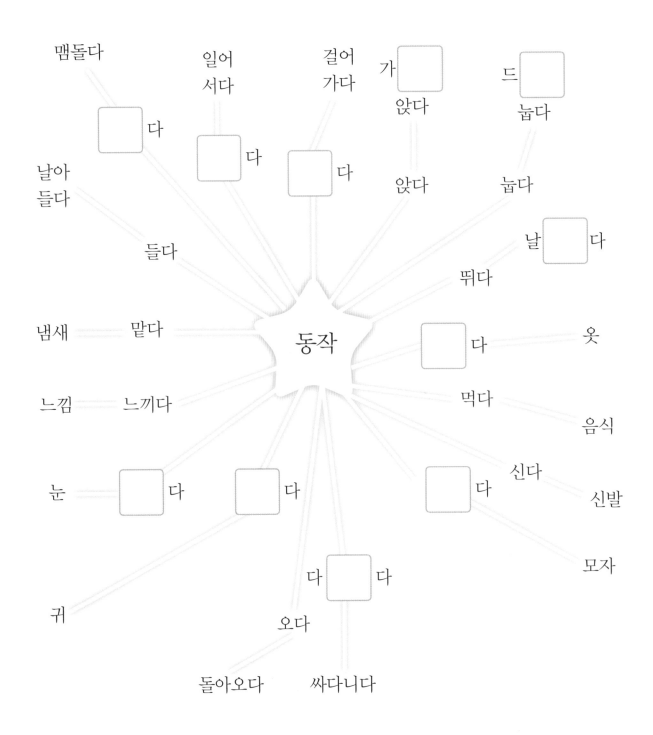

넷째 주

기구4

가위나 탁자와 같이 기구를
나타내는 낱말을 가지고
부엉이 요괴들이 심통을 부리고
있습니다. 요괴들에게서
낱말을 되찾아 옵시다.

낌새의 장난

낌새가 기구 낱말들을 알아보지 못하게 장난을 쳐 놓았어요.
낱말들이 본래의 모습으로 돌아갈 수 있도록 여러분이
도와주세요.

하나, 큰 살림살이 기구 낱말 알아보기

낌새가 집안 살림에 쓰는 비교적 큰 물건을 가리키는 낱말들을 말하고 있
네요. 살림살이를 가리키는 낱말을 하나씩 지워 보세요. 그러면 이 모두를
가리키는 낱말을 찾을 수 있어요. 두 글자 낱말을 빈칸에 쓰세요.

~~걸~~	~~상~~	밥	상	가	서 랍
선	반	소	파	의	자 장
롱	책	꽂	이	책	상 책
장	구	침	대	테	이 블
화	장	대	탁	자	식 탁

둘, 작은 살림살이 기구 낱말 알아보기

낌새가 집안 일을 할 때 사용하는 각종 도구를 가리키는 낱말들을 흩어 놓았어요. 그런데 이 도구와 같거나 비슷한 뜻의 낱말도 슬쩍 숨겨 놓았거든요. 모두 두 가지인데 찾아서 빈 칸에 쓰세요.

집	게	줄	자	망	치	쓰	레	받	기
톱	드	라	이	버	나	사	다	리	미
빗	자	루	공	구	부	삽	빗	사	다
리	연	장	송	곳	자	칼	가	위	저
울	라	이	터	숟	가	락	주	걱	젓
가	락	프	라	이	팬	냄	비	국	자

도 구 = 공 ☐ ☐ = 연 ☐ ☐

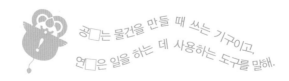

공☐는 물건을 만들 때 쓰는 기구이고,
연☐은 일을 하는 데 사용하는 도구를 말해.

셋, 낱말 무덤 기구 낱말 회상하기

낌새가 기구 낱말들을 잡아다 묻어 놓고, 묻혀 있는 낱말들을 비석에 새겨 놓았어요. 무덤에 묻힌 낱말들은 그들을 통틀어 이르는 두 글자 낱말을 알아내어 비석에 써 넣으면 되살릴 수 있어요. 낌새가 적어 놓은 암호 속에서 기구를 이르는 두 글자 낱말을 골라 ☐ 안에 쓰세요.

그☐

솥 병 통 독
접시 쟁반 냄비
대야 항아리 소쿠리
바가지 바구니
주전자 광주리

암호 : 핫도그 노릇노릇하게 구워 줘

모양새의 방해

모양새가 낱말들이 어울려 새로운 낱말이 되는 걸 방해하고 있어요. 낱말들이 제자리를 찾아 새 낱말이 될 수 있도록 여러분이 도와주세요.

하나, 가짜 낱말 액자 낱말의 형태 알아보기

모양새가 기구를 가리키는 낱말들에다 심술을 부려 놓았어요. 글자를 고쳐서 전혀 다른 낱말로 만들어 액자 속에 가두어 놓았지요. 그림을 보고 ☐ 안에 알맞은 낱말을 쓰세요.

밥
삽

탑

솜

집개

의사

소라

거위

서울

속옷

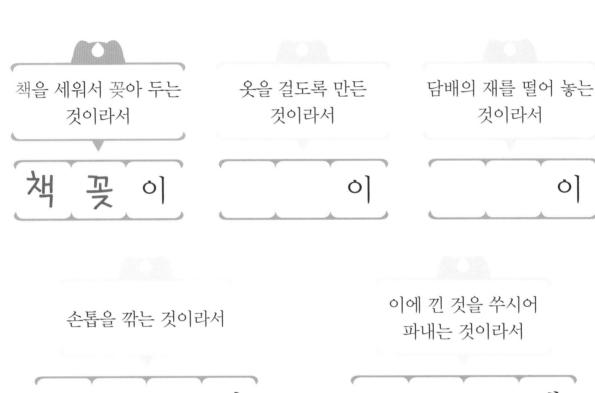

둘, 눈치 척 코치 척 낱말의 형태 알아보기

모양새가 기구를 가리키는 낱말을 눈치코치로 알아내라고 중얼거리고 있어요. 그런데 어떤
낱말인지 척 보면 알 것 같네요. 어떤 낱말인지 빈칸에 쓰세요.

책을 세워서 꽂아 두는
것이라서

| 책 | 꽂 | 이 |

옷을 걸도록 만든
것이라서

| | 이 |

담배의 재를 떨어 놓는
것이라서

| | 이 |

손톱을 깎는 것이라서

| | | 이 |

이에 낀 것을 쑤시어
파내는 것이라서

| | | 개 |

쓰레기를 받아 내는
것이라서

| | | 기 |

꽃이나 나무에 물을
뿌리어 주는 것이라서

| | | 개 |

셋, 입은 삐뚤어도 말은 _{낱말의 형태 알아보기}

모양새가 삐뚠 입으로 말도 삐뚤게 하고 있어요. 모양새가 중얼거리는 말 가운데는 틀린 말이 하나씩 들어가 있는데, 모두 기구를 가리키는 낱말들이에요. 찾아내서 빈칸에 바르게 고쳐 쓰세요.

이불 개어 장농에다 넣어라, 얼른!

장 롱

책꼬지에 쌓인 먼지도 털어야지.

빗자루와 쓰레받이는 어디 갔니?

젓가락과 숫가락 모두 가져와라.

후라이팬은 어디 있지?

재털이는 집 밖으로 치워라.

빨래를 빨래집개로 집어 널어라.

라면은 남비에 끓여야 맛이 있지.

말본새의 훼방

말본새가 낱말들이 갖고 있는 뜻을 알지 못하게 훼방을 놓고 있어요. 낱말들이 제 역할을 할 수 있도록 도와주세요.

하나, 어슷비슷 낱말 인질 　유의 관계의 낱말 알기

말본새가 기구 낱말들을 잡아다 놓고는 그와 엇비슷한 낱말을 내놓지 않으면 없애 버리겠다고 으름장을 놓고 있어요. 보기 에서 엇비슷한 낱말을 찾아 빈 칸에 쓰세요.

보기 | 침대　바구니　휴지통　탁자　사다리　책꽂이　걸상

사닥다리
사 다 리

의자

테이블

침상

쓰레기통

소쿠리

서가

둘, 그럴듯해 낱말의 연상적 의미 알기

말본새가 잡아간 기구 낱말들을 엉뚱하게 설명하고 있어요. 그림과 보기 를 보고 어떤 낱말을 가리키는 것인지 □ 안에 쓰세요.

보기

빗자루   다리미   귀이개   주걱   우산   송곳

이 쑤시는 게 이쑤시개잖아. 그래서 이건 귀쑤시개야.

| 귀 | 이 | 개 |

쓰레기 받아 내는 게 쓰레받기잖아. 그래서 이건 쓰레쓸기야.

| | | |

바람을 막는 게 바람막이잖아. 그래서 이건 비막이야.

| | |

밥 풀 때 쓰는 제일 큰 숟갈이잖아. 그래서 이건 왕숟갈이야

| | |

옷에다 대고 막 지지 잖아. 그래서 이건 옷지짐이야.

| | | |

바늘 끝에 자루가 달려 있잖아. 그래서 이건 바늘자루야.

| | |

셋, 이웃사촌 낱말의 주변적 의미 알기

짝지어진 두 기구는 사용할 때 움직임을 나타내는 낱말이 비슷해요. 기구와 잘 어울리는 낱말을 보기 에서 찾아 빈칸에 쓰세요.

보기

담 재 썰 열 뜨 풀 꽂 켜

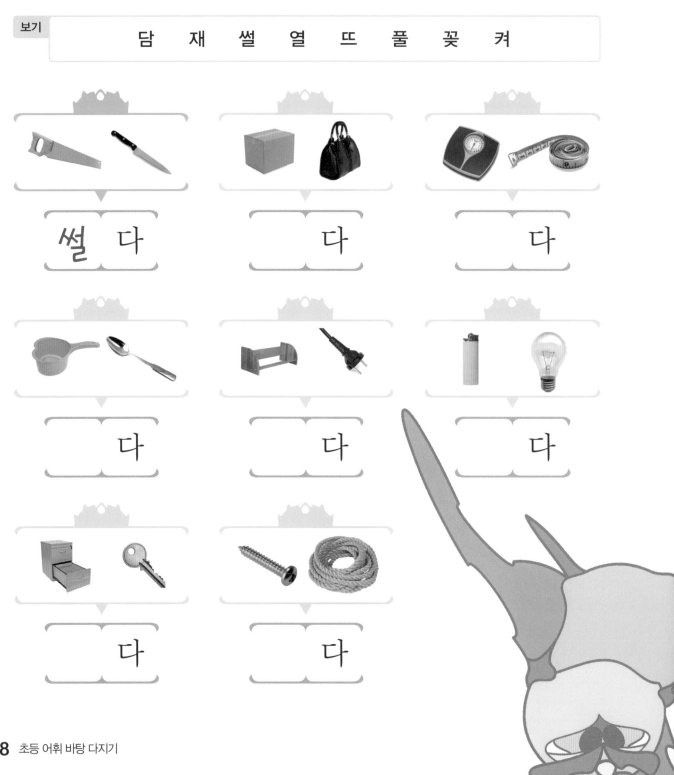

썰 다

다

다

다

다

다

다

다

말본새의 심술

말본새가 낱말들의 쓰임새를 알지 못하게
심술을 부리고 있어요. 낱말들이 쓰임새에 따라
제 역할을 할 수 있도록 도와주세요.

하나, 낱말 스위치 낱말의 주변적 의미 알기

말본새가 잡아간 낱말들을 전등 속에 가둬 놓았는데 전등을 켜면 풀어 주겠다고
하네요. 잡혀간 낱말들은 모두 스위치에 있는 낱말과 관계있는 것들이에요. 알
맞은 낱말이 적힌 스위치를 찾아 ⃝ 하세요.

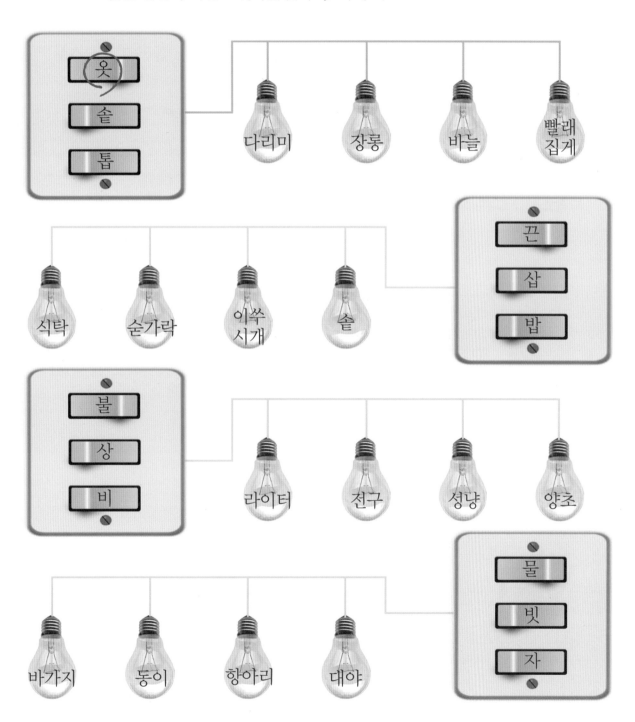

둘, 그럴싸해 낱말의 중심적 의미 알기

말본새가 외국에서 들여온 기구 낱말들을 잡아다 우리말로 그럴싸하게 바꿔 놓았네요. 알맞은 낱말을 보기 에서 찾아 ☐ 안에 쓰세요.

보기

프라이팬   라이터   커피포트   드라이버   플러그   스푼

나사돌리개

| 드 | 라 | 이 | 버 |

납작냄비

| | | | |

불붙이개

| | | |

양순갈

| | |

커피주전자

| | | | |

꽂개

| | | |

셋, 이상한 기구 낱말의 연상적 의미 알기

말본새가 아주 요상한 낱말들을 잡아다 따로 모아 두었어요. 기구를 가리키는 낱말 같기는 한데, 본래의 쓰임새와는 거리가 멀고 원래의 모습과도 아주 딴판인 것들이에요. ☐ 안에 들어갈 알맞은 낱말을 **보기** 에서 찾아 쓰세요.

보기	가시 자선 바보 도깨비 가위바위 비행 구둣

두드리면 다 나오는 방망이지. ▷ **도깨비** 방망이

똑똑하고 재미있는 상잔데 왜 이렇게 부르는지 몰라. ▷ ☐ 상자

앉으면 엉덩이가 아픈 게 아니라 마음이 아픈 방석이지. ▷ ☐ 방석

이 보는 주먹 하나만 쌀 수 있는 보자기라고. ▷ ☐ 보

이 주걱으로 밥을 푸면 아무도 안 먹을걸. ▷ ☐ 주걱

있다고는 하는데, 만든 이도 쓰는 이도 없대. 저 혼자 날아다니거든. ▷ ☐ 접시

이 냄비는 겨울에 쓰고, 따뜻한 마음으로만 데워져. ▷ ☐ 냄비

북새의 심통

북새가 지금까지 배운 낱말들을 알아볼 수 없도록 숨기거나 엉뚱하게 만들고 있어요. 북새의 심통에 낱말들이 도망가지 않도록 여러분이 지켜 주세요.

하나, 기구 낱말 퀴즈 기구 어휘 알기

북새가 기구를 가리키는 낱말로 퀴즈를 내고 있어요. 북새가 말하는 기구 낱말을 잘 보고 빈칸에 들어갈 알맞은 낱말을 쓰세요.

따는 것은 따개
막는 것은 마개
덮는 것은?

덮 개

밥상에는 밥
책상에는 책
술상에는?

물통 안에는 물
휴지통 안에는 휴지
밥통 안에는?

새장 안에는 새
책장 안에는 책
신장 안에는?

우유가 든 것은 우유병
젖이 든 것은 젖병
물이 든 것은?

된장이 든 것은 장독
김치가 든 것은 김칫독
쌀이 든 것은?

둘, 그게 그거라니 기구 어휘 알기

북새가 기구를 가리키는 말들에서 몇 글자를 낚아채 가 버렸어요. 그런데 가만히 보니까 모두 어떤 일이나 사람을 직접 설명하지 않고 빗대어 말할 때 쓰는 것들이네요. 설명글을 잘 읽고 알맞은 글자를 보기 에서 찾아 쓰세요.

보기
거　바가　족　보물　형광　깡

반응이 느린 사람을
속되게 이르는 말.

형광등

어떤 사실을 잘 알아
맞히는 능력을 가진 사람.

집게

아는 것이 없는 사람을
속되게 이르는 말.

통

요금이나 물건 값이 실제
가격보다 훨씬 더 비쌈.

지

모범이나 교훈이 될 만한
것이나 그런 사람.

울

아주 귀중히 여기거나
매우 쓸모 있는 사람.

단지

셋, 기구 낱말 지도 기구 어휘 알기

북새가 기구에 대한 생각을 할 수 없도록 기구 낱말 지도를 군데군데 지워 놓았어요. 낱말들
이 이어져 있는 짜임새를 살펴보고 ▢ 안에 알맞은 글자를 써 넣어 지도를 완성하세요.

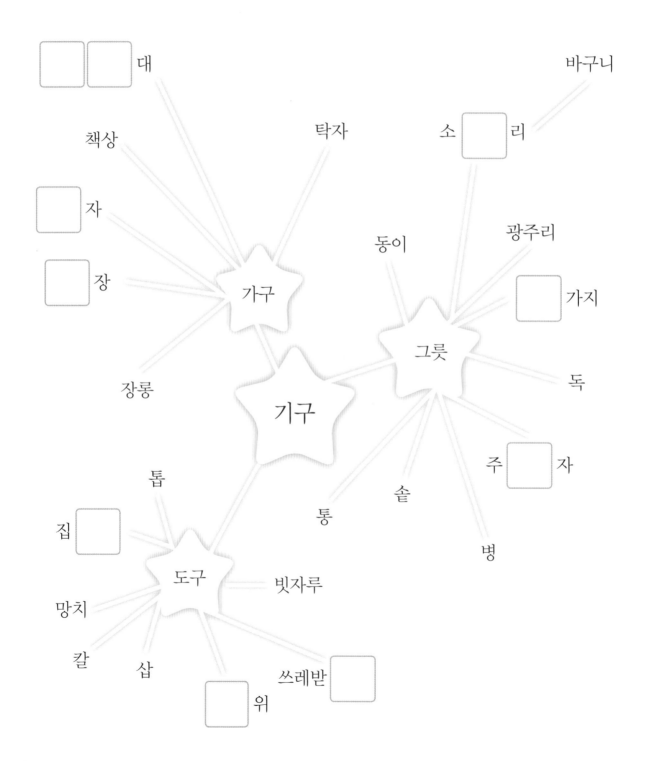

다섯째 주

탈것

5

자동차, 비행기와 같이 탈것을
가리키는 낱말을 가지고
부엉이 요괴들이 심통을 부리고
있습니다. 요괴들에게서
낱말을 되찾아 옵시다.

낌새의 장난

낌새가 탈것 낱말들을 알아보지 못하게 장난을 쳐 놓았어요. 낱말들이 본래의 모습으로 돌아갈 수 있도록 여러분이 도와주세요.

하나. 하늘과 바다의 탈것   탈것 낱말 알아보기

낌새가 하늘과 바다에서 타고 다니는 탈것 낱말의 글자를 뒤섞어 놓았어요. 하늘과 바다를 떠다니는 탈것들을 살펴보고 글자들을 바로잡아 주세요.

터리헬콥

| 헬 | 리 | 콥 | 터 |

글라이더

물화선

단배돛

어선

유조차

컨테이너

레커차

레미콘

구기열

객기여

전투기

수상비행기

유선람

모항공함

보트

함수잠

포클레인

둘, 따따부따 탈것 낱말 회상하기

낌새가 차 낱말들을 가려 두고 엉뚱하게 중얼거리고 있어요. 낌새가 말하는 것은 무슨 차를
두고 그러는 것일까요? 보기 에서 알맞은 낱말을 찾아 빈칸에 쓰세요.

보기 | 경찰　구급　지게　유조　소방　쓰레기

이게 왜 불자동차야,
물을 뿌리는 거니까
물자동차지.

↓

| 소 | 방 | 차 |

사람이 지는 건데,
차가 짐을 지고 있네.

↓

| | | 차 |

꼭 있어야 하는 건데,
왜 아무짝에도
쓸모없는 차라고 해?

↓

| | | 차 |

으레 병원으로 가는
차니까 병원차라고
해야 하잖아.

↓

| | | 차 |

애는 뛰뛰빵빵 아니라
삐오삐오라고
소리를 질러 대.

↓

| | | 차 |

기름통차라고 하면
되는데 참 어렵게
말을 하네.

↓

| | | 차 |

모양새의 방해

모양새가 낱말들이 어울려 새로운 낱말이 되는 걸 방해하고 있어요. 낱말들이 제자리를 찾아 새 낱말이 될 수 있도록 여러분이 도와주세요.

하나, 표준말 봐준말 낱말의 형태 알기

모양새가 차를 가리키는 낱말을 표준말과 다르게 말하고 있어요. 모양새가 틀리게 말한 낱말을 빈칸에 바르게 고쳐 쓰세요.

우리 뻐스 타고 가는 게 어때?

버 스

시간 없어. 택씨 타고 가!

앞에 가는 오도바이 조심하세요!

삼촌이 포크레인 기사라고 했지?

아니야, 콘테이너 기사이셔!

어, 헬리콥타 소리가 들린다.

앰불런스도 지나가네. 누가 다쳤나?

둘, 심술 요술 <small>낱말의 형태 알기</small>

모양새가 심술 요술을 한바탕 부려 놓았어요. 탈것 낱말 중 한 글자를 슬쩍 고쳐서 전혀 다른 낱말로 만들어 놓았네요. 어떤 낱말인지 ☐ 안에 틀린 글자를 바르게 고쳐 써서 탈것 낱말의 제 모습을 찾아 주세요.

터럭

| 트 | 럭 |

색시

| ☐ | 시 |

기타

| 기 | ☐ |

포물선

| ☐ | ☐ | 선 |

코트

| ☐ | 트 |

보행기

| ☐ | 행 | 기 |

세트기

| ☐ | 트 | 기 |

셋, 흉내말 스피커 동작이나 소리를 흉내 낸 낱말 알기

모양새가 탈것의 흉내말을 스피커에 가두어 놓았는데, 그 스피커에서 이상한 소리가 들려요. 스피커에서 흘러나오는 뒤죽박죽 소리를 살펴보고, 탈것의 흉내말을 만들어 □ 안에 쓰세요.

부릉둥실
뛰뛰삐오
두리칙칙
빵빵부릉
덜컹삐오
덜컹폭폭

| 두 | 리 | 둥 | 실 |

| 부 | | 부 | |

| 뛰 | 뛰 | | |

| 덜 | | 덜 | |

| 삐 | | 삐 | |

| 칙 | 칙 | | |

말본새의 훼방

말본새가 낱말들이 갖고 있는 뜻을 알지 못하게 훼방을 놓고 있어요. 낱말들이 제 역할을 할 수 있도록 도와주세요.

하나, 그게 그거   유의 관계의 낱말 알기

말본새가 탈것 가운데 이름은 다르지만 같은 것을 가리키는 낱말을 숨겨 놓았어요. 탈것의 다른 이름을 알아내어 말본새가 숨겨 놓은 낱말들을 구해 주세요. 보기 에서 비슷한 낱말을 찾아 빈칸에 쓰세요.

보기 | 오토바이   헬기   어선   돛단배   전차   놀잇배   트럭   학교버스

고기잡이배
→
어 선

화물차
→

헬리콥터
→

탱크
→

범선
→

유람선
→

모터사이클
→

스쿨버스
→

둘, 말 돼 안 돼 낱말의 주변적 의미 알기

말본새가 탈것과 어울리는 말을 중얼거리고 있어요. 그런데 그 가운데 하나는 엉뚱한 말이에요. 탈것 낱말과 어울리지 않는 낱말을 찾아내면 탈것 낱말을 되찾아 올 수 있어요. 어울리지 않는 낱말을 찾아 ◯ 하세요.

택시
태우다
달리다
부르다
(자라다)

보트
띄우다
뒹굴다
뒤집히다
타다

비행기
뜨다
날다
내리다
푸다

잠수함
타다
떠오르다
싣다
익다

자전거
밟다
넘어지다
흔들리다
아프다

트럭
나르다
옮기다
솟다
운전하다

기차
멈추다
잠기다
오르다
서다

전투기
싸우다
추락하다
비행하다
잇다

셋, 이웃사촌 낱말의 의미 관계 알기

말본새가 낱말 짝 짓기 한판 승부를 걸어왔어요. 말본새가 탈것 낱말과 그와 관계있는 낱말을 짝지어 놓았는데 위에 있는 두 낱말의 사이와 같도록 아래에 들어갈 알맞은 짝 낱말을 보기 에서 찾아 쓰세요.

보기

조종사 땅속 공항 경찰서 뱃고동 핸들 바퀴 터미널

배의 짝은 키
자동차의 짝은?

핸 들

배는 키로 방향을 바꾸지.
그럼 자동차는 뭘로 방향을 바꿀까?

배의 짝은 항구
비행기의 짝은?

비행기의 짝은 날개
자동차의 짝은?

마차의 짝은 마부
전투기의 짝은?

구급차의 짝은 병원
경찰차의 짝은?

여객기의 짝은 공항
고속버스의 짝은?

자동차의 짝은 경적
유람선의 짝은?

잠수함의 짝은 물속
지하철의 짝은?

말본새의 심술

하나, 그럴듯한 말 낱말의 연상적 의미 알기

말본새가 탈것 낱말 가운데 외국에서 들여온 것들을 따로 모아 카드에 숨겨 놓았어요. 그리고 자신만 알아보게 그럴듯하게 바꿔 놓았지요. 그림을 보고 알맞은 낱말을 빈칸에 쓰세요.

두레박차

케 이 블 카

뚜껑차

프

방귀차

토

떼차

코뚜레차

커

팽이차

콘

상자차

컨 이

달구지차

트 일

둘, 스파이 낱말   낱말의 의미 관계 알기

말본새가 탈것 낱말이 도망치지 못하게 탈것 낱말 무리마다 스파이 낱말을 하나씩 심어 두었어요. 언뜻 보기에는 비슷해도 나머지 셋과는 전혀 딴판인 것이 바로 스파이래요. 탈것 낱말 무리 가운데 숨어 있는 스파이 낱말을 찾아 ◯ 하세요.

유조차	유모차
유조선	유람선

비행선	여객선
쾌속선	화물선

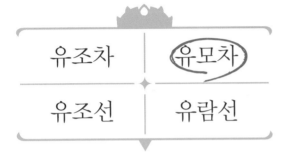
기계가 아닌 사람의 힘으로 움직이는 것이 있어.

전투기	수송기
여객기	비둘기

비행기	비행선
비행정	비행접시

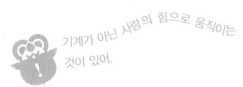
실제로 볼 수 없거나 탈 수 없는 것이 있어.

강철	전철
지하철	고속철

쓰레기차	지게차
홍차	자동차

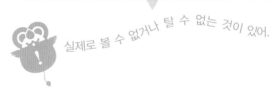
사람이 마시는 차가 하나 있네!

셋, 빗대어 말해 낱말의 관용적 의미 알기

말본새가 알아듣기 어려운 말들을 중얼대고 있어요. 일이나 물건을 직접 설명하지 않고 빗대어서 말하는 것인데요. 그림을 보고 ☐ 안에 들어갈 알맞은 낱말을 쓰세요.

모두 탈것 낱말들이야.

ㅃ 가 지나간 자리야.

어떤 행동의 흔적이 남지 아니 할 때 이렇게 말해.

☐☐☐ 태우지 마라.

남을 지나치게 칭찬하거나 높이 추켜세울 때 이렇게 말해.

☐☐ 지나간 다음에 손 흔드니?

알맞은 기회나 시간을 놓치고 뒤늦게 애쓸 때 이렇게 말해.

이미 한 ☐ 를 탄 거야.

앞으로 죽고 살거나 흥하고 망하는 것을 함께 하게 되었을 때 이렇게 말해.

북새의 심통

북새가 지금까지 배운 낱말들을 알아볼 수 없도록 숨기거나 엉뚱하게 만들고 있어요. 북새의 심통에 낱말들이 도망가지 않도록 여러분이 지켜 주세요.

하나, 탈것의 반대말 내릴것 · 탈것 어휘 알기

북새가 탈것 낱말들을 이상하게 바꾸어 놓았어요. 썰렁한 개그 반대말로 바꾸어 놓은 것이지요. 북새의 썰렁 개그 반대말을 보고 본래 어떤 탈것 낱말인지 짐작해서 빈칸에 쓰세요.

내릴것
탈 것

거기잡이배
잡 이 배

지상철
철

닫을차
차

돛뗀배
배

냉기구
구

저속버스
버 스

부상함
함

둘, 북새 에둘러 사전 <small>탈것 어휘 알기</small>

북새의 에둘러 사전에는 북새가 훔쳐간 낱말들이 적혀 있어요. 그런데 낱말의 뜻풀이가 모두 에둘러 대는 말로 되어 있네요. 북새가 에둘러 댄 뜻풀이를 살펴보고 어떤 탈것 낱말인지 알아내어 ☐ 안에 쓰세요.

두더지가 형님 하는 기차 ▶ 지 하 철

스스로 움직이지 못하는데 저절로 움직인다는 차 ▶ ☐ 동 ☐

날아다니는 배라지만 틀림없는 비행기 ▶ ☐ 행 ☐

날아다니는 선풍기 ▶ ☐ 리 콥 ☐

바다에 떠 있는 비행장 ▶ 항 ☐ ☐ 함

쓸모없는 것만 실어 가는 쓸모 있는 차 ▶ 쓰 ☐ ☐ 차

경찰차를 두려워하는 차 ▶ 뺑 ☐ 니 ☐

셋, 탈것 낱말 지도 탈것 어휘 알기

북새가 탈것에 대한 생각을 할 수 없도록 탈것 낱말 지도를 군데군데 지워 놓았어요. 낱말들이 이어져 있는 짜임새를 살펴보고, ☐ 안에 알맞은 글자를 써 넣어 지도를 완성하세요.

승용차

버☐

트☐ 트레일러

자동차

레커차

택시

특수차 경찰차

☐하철 ☐ 방차

기차

고속철도

탈것

어선

배 전함

비행선 군함 ☐ 공모함

비행기 자전거 ☐ 수함

상선

오토바이

☐ 물선 여객선

☐ 투기 여☐기

여섯째 주

식물

6

나무와 풀 따위의 식물을
가리키는 낱말을 가지고
부엉이 요괴들이 심통을 부리고
있습니다. 요괴들에게서
낱말을 되찾아 옵시다.

낌새의 장난

낌새가 식물 낱말들을 알아보지 못하게 장난을 쳐 놓았어요.
낱말들이 본래의 모습으로 돌아갈 수 있도록
여러분이 도와주세요.

하나, 같지만 다른 글자 식물 낱말 회상하기

낌새가 같은 글자가 있는 낱말들을 잡아다 묶어 놓았어요. 네 낱말 가운데
같은 글자이지만 그 뜻이 다른 글자가 하나 있는데 그 글자를 찾아내면 이
들을 구출해 낼 수 있어요. 같은 글자이지만 뜻이 다른 글자에 ○ 하세요.

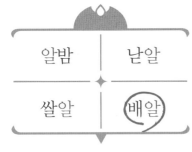

알밤	낟알
쌀알	배알

양상추	양배추
양송이	양고기

참깨	새참
참외	참쑥

'양'이 낱말 앞에 붙으면
외국에서 들여왔다는 말이야.

셋은 식물의 이름이고, 다른 하나는
쉬는 시간에 먹는 음식이야.

들풀	들국화
들깨	들머리

총각무	무순
열무	무화과

셋은 식물의 이름이고,
다른 하나는 들어가는 맨 첫머리를 말해.

월계수	야자수
보리수	사탕수수

산딸기	산나물
산머루	부동산

밤배	밤고구마
밤꽃	밤나무

셋은 나무를 가리키고,
다른 하나는 나무가 아닌 풀이야.

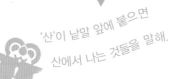

'산'이 낱말 앞에 붙으면
산에서 나는 것들을 말해.

둘, 낌새의 주문 식물 낱말 회상하기

낌새가 식물 낱말을 주문 속에 흩어 놓았어요. 그런데 자기도 잊어버릴까 봐 도움 낱말을 살짝 덧붙여 놓았네요. 주문 속에 흩어져 있는 식물 낱말을 찾아서 빈칸에 쓰세요.

해가 바뀌면 라면 사 주기
꽃
해 바 라 기

복순이 내숭은 알아줘야 해
과일
복 □ □

도레미파솔라지도, 아니 시도
채소
도 □ □

아, 카메라 다시 찾아왔니?
나무
아 □ □

싫어도 토라지면 머리 아파요
열매
도 □ □ □

미소를 지으며 떠나는 파리
채소
미 □ □

셋, 뒤죽박죽 네 글자 낱말 식물 낱말 알아보기

낌새가 네 글자로 된 식물과 관계있는 낱말들을 잡아다 알아보지 못하게 글자 순서를 뒤섞어
놓았어요. 글자 순서를 바로잡아 빈칸에 쓰세요.

풀아강지

강 아 지 풀

구밥개리

개

드맨라미

맨

푸기라지

지

드리름아

아

루터그기

그

지버들가

버

이카네션

카

모양새의 방해

하나, 모양새의 심술 마법 <small>낱말의 형태 알아보기</small>

모양새가 식물 낱말들에 심술을 부려 놓았어요. 낱말 가운데 한 글자를 고쳐서 모양은 비슷하지만 전혀 다른 낱말로 만들어 버렸지요. 모양새의 심술로 바뀐 낱말은 본래 어떤 식물 낱말일까요? 바르게 고쳐 쓰세요.

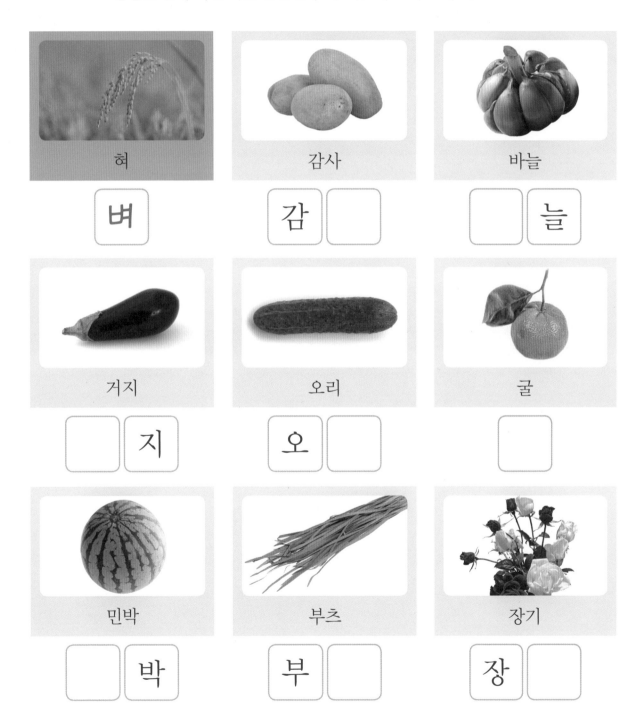

혀

벼 □

감사

감 □

바늘

□ 늘

거지

□ 지

오리

오 □

굴

□ □

민박

□ 박

부츠

부 □

장기

장 □

둘, 입은 삐뚤어도 말은 낱말의 형태 알아보기

모양새가 삐뚠 입으로 말도 삐뚤게 하고 있어요. 모양새가 중얼거리는 말 가운데는 틀린 말이 하나씩 들어가 있지요. 바르게 고쳐 빈칸에 쓰세요.

도마도는 거꾸로
읽어도 도마도

| 토 | 마 | 토 |

강남콩 덩굴이 처마까지
뻗어 올라갔네.

| 강 | | 콩 |

모두 식물과 관계있는 낱말이야.

이제 막 꽃봉우리가
맺을락 말락 한다.

| 꽃 | 봉 | | 리 |

마을 어귀에 아람드리
느티나무가 서 있어.

| 아 | | 드 | 리 |

내 메론 훔쳐 먹고
메롱하는 거야?

| | 론 |

짓궂은 바람에 벗꽃이
지고 있어요.

| | 꽃 |

옷에 묻은 지프라기는
털어 내야지.

| 지 | | 라 | 기 |

손톱에 봉숭화
물들이면 좋아?

| 봉 | | 화 |

셋, 흉내말 과수원 동작이나 소리를 흉내 낸 낱말 알기

모양새가 식물의 모습이나 소리를 나타내는 흉내말을 잡아다 나무로 바꾼 다음 식물 낱말을
열매처럼 매달아 놓았어요. 되찾아 오려면 흉내말과 어울리지 않는 열매를 골라내야 해요.
흉내말 나무와 어울리지 않는 식물 낱말 열매를 찾아 ○ 하세요.

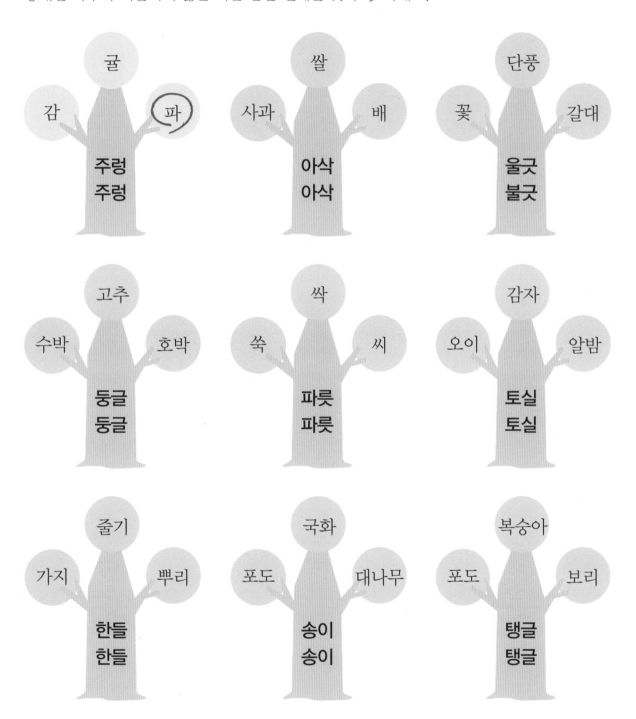

말본새의 훼방

말본새가 낱말들이 갖고 있는 뜻을 알지 못하게 훼방을 놓고 있어요. 낱말들이 제 역할을 할 수 있도록 도와주세요.

하나, 가짜 식물 낱말의 중심적 의미 알기

말본새가 식물 낱말들을 비슷한 것끼리 묶어서 가두어 놓았어요. 그리고 한 묶음마다 식물이 아닌 낱말을 슬쩍 집어넣어 감시하도록 해 두었지요. 식물이 아닌 낱말을 찾아 ◯ 하세요.

상추	배추	고추
후추	(단추)	부추

감나무	밤나무	꿈나무
대나무	등나무	뽕나무

수풀	들풀	강아지풀
토끼풀	쌍꺼풀	물풀

검버섯	독버섯	싸리버섯
송이버섯	팽이버섯	표고버섯

 피부에 생기는 점 같은 것이 있어!

수선화	들국화	초상화
목화	해당화	야생화

들깨	참깨	주근깨
검정깨	통깨	흰깨

사람의 얼굴을 그린 그림이 있어.

통깨는 볶아서 빻지 않은 깨를 말해.

나팔꽃	초롱꽃	호박꽃
함박꽃	방울꽃	웃음꽃

난초	해초	약초
잡초	식초	감초

둘, 나무 낱말 숲 낱말의 주변적 의미(어원) 알기

말본새가 나무 낱말들을 잡아다 숲을 만들었어요. 그런데 잡혀간 나무 낱말들이 자기 이름을 잊어버렸나 봐요. 자신들의 이름이 붙은 까닭만 어렴풋이 말하고 있어요. 나무의 이름이 무엇인지 잘 생각해 보고 ☐ 안에 쓰세요.

농사짓는 데 쓰는
가래를 닮았다고
해서 그렇게
불렀대.

| 가 | 래 | 나 | 무 |

5리마다 심어
거리를 알 수 있게
한다고 해서
그렇게 불렀대.

| | | 나 | 무 |

나무들이 하는 말 가운데 이름에 대한 힌트가 있어!

열매를 먹으면
방귀가 뽕뽕
나온다고 해서
그렇게 불렀대.

| | 나 | 무 |

껍질을 태울 때
자작자작 소리가
난다고 해서
그렇게 불렀대.

| | | 나 | 무 |

셋, 낱말 젠가 게임 상하 관계의 낱말 알기

말본새가 식물 낱말들을 잡아다 나무토막으로 만들어 쌓아 놓고는 어디 한 번 가져가 보라고 하네요. 낱말들을 모두 되찾기 위해서는 낱말 나무토막 가운데 나머지 낱말을 모두 안을 수 있는 나무토막을 찾아 빼내야 해요. 어떤 나무토막인지 찾아 ◯ 하세요.

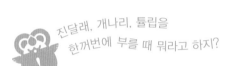

진달래, 개나리, 튤립을 한꺼번에 부를 때 뭐라고 하지?

진달래	개나리	튤립
민들레		
철쭉	(꽃)	장미
해바라기		

딸기	배	감
복숭아		
사과	포도	과일
파인애플		

엉겅퀴	갈대	
강아지풀		
풀	억새	토끼풀
개구리밥		

두릅	냉이	달래
도라지		
시금치		나물
고사리		

상추	호박	무
토마토		
부추	감자	배추
채소		

쌀	콩	
보리		
밀	조	
곡식		

잎	나무	줄기
그루터기		
가지	꽃	열매
뿌리		

말본새의 심술

말본새가 낱말들의 쓰임새를 알지 못하게 심술을 부리고 있어요. 낱말들이 쓰임새에 따라 제 역할을 할 수 있도록 도와주세요.

하나, 미운 오리 새끼 낱말 사진첩 낱말의 의미 관계 알기

말본새가 잡아간 낱말들을 미운 오리 새끼 낱말 사진첩에 붙여 놓았어요. 사진첩의 낱말들은 비슷한 것들이지만 나머지 셋과는 뚜렷하게 다른 점이 있는 것이 하나 있어요. 그 낱말을 찾아 ◯ 하세요.

마늘　　　　고구마　　　　상추　　　　무

 세 개는 뿌리를 먹고 나머지 하나는 잎을 먹어.

고추　　　　당근　　　　토마토　　　　오이

세 개는 땅 위에 있고 나머지 하나는 땅 속에 있어.

배추　　　　감자　　　　부추　　　　파

밤꽃　　　　할미꽃　　　　나팔꽃　　　　제비꽃

 넷 중 하나는 꽃이 나뭇가지에서 피지.

둘, 낱말 밤송이 유의 관계의 낱말 알기

말본새가 식물 낱말을 밤송이에 둘씩 짝지어 놓았는데 고약하게도 낱말의 글자를 하나씩 지워 놓았어요. 그러고는 두 낱말은 뜻이 비슷하거나 같은 낱말이라며, 찾아갈 수 있으면 찾아가 보라고 하네요. 두 낱말의 뜻이 비슷하거나 같아지도록 ☐ 안에 알맞은 글자를 쓰세요.

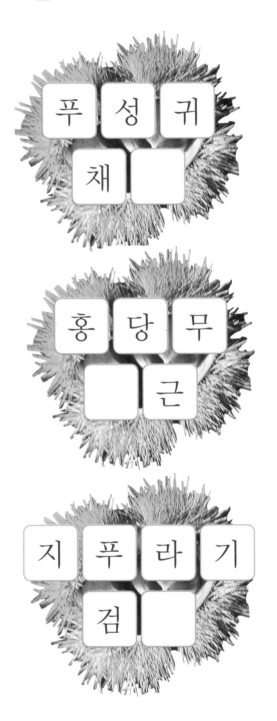

셋, 빗대어 말해 낱말의 관용적 의미 알기

말본새가 알아듣기 어려운 말들을 중얼대고 있어요. 일이나 물건을 직접 설명하지 않고 빗대
어서 말하는 것인데요. 알맞은 낱말을 □ 안에 쓰세요.

모두 과일과 채소 낱말이야.

빗 좋은 개 살 구

겉만 그럴듯하고 실속이 없는 경우를 이르는 말.

못 먹는 [ ] 찔러나 본다.

제 것으로 만들지 못할 바에야 남도 갖지 못하게
만들자는 뒤틀린 마음을 이르는 말.

[ ][ ]이 넝쿨째 굴러 떨어졌다.

뜻밖에 좋은 물건을 얻거나 행운을 만났다는 말.

작은 [ ][ ]가 맵다.

몸집이 작은 사람이 큰 사람보다 재주가 뛰어나고
야무짐을 빗대어 이르는 말.

울며 [ ][ ] 먹기

싫은 일을 억지로 마지못하여 함을 빗대어 이르는 말.

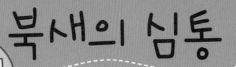

북새의 심통

북새가 지금까지 배운 낱말들을 알아볼 수 없도록 숨기거나 엉뚱하게 만들고 있어요. 북새의 심통에 낱말들이 도망가지 않도록 여러분이 지켜 주세요.

하나, 식물 낱말 전화번호 식물 어휘 알기

북새가 식물 낱말을 모조리 훔쳐 달아나 버렸는데, 자기에게 전화를 하면 돌려주겠다고 하네요. 북새가 남긴 전화번호는 숫자가 아닌 식물 낱말로 이루어져 있어요. ☐ 안에 들어갈 알맞은 글자를 쓰세요.

나한테 전화해!

영지는 버섯의 한 종류고, 자운영은 콩과의 두해살이풀이야

둘, 북새의 말장난 식물 어휘 알기

북새가 식물을 가리키는 낱말들을 훔쳐다가 엉뚱하지만 나름대로 최고 최상의 낱말로 기록
해 두었어요. 북새의 설명을 살펴보고 빈칸에 알맞은 글자를 쓰세요.

가장 나이가 많은
꽃으로 인정함

할 미 꽃

가장 나이가 어린
채소로 인정함

애 박

가장 냄새가 고약한
나무로 인정함

나 무

가장 거칠고 힘이
센 풀로 인정함

새

가장 아픈 나무
열매로 인정함

밤

가장 평범하고 꾸밈
없는 곡식으로 인정함

수

가장 값비싼 풀로
인정함

금 디

가장 내숭을 잘 떠는
씨로 인정함

씨

셋, 식물 낱말 지도 식물 어휘 알기

북새가 식물에 대한 생각을 할 수 없도록 식물 낱말 지도를 군데군데 지워 놓았어요. 낱말들이 이어져 있는 짜임새를 살펴보고, ☐ 안에 알맞은 글자를 써 넣어 지도를 완성하세요.

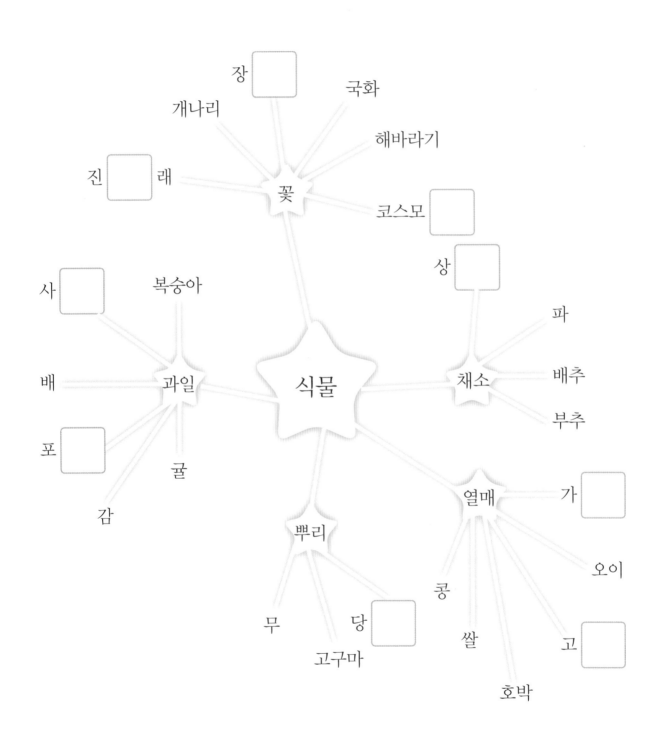

일곱째 주

사람 **7**

울보나 겁쟁이와 같이 사람을
가리키는 낱말을 가지고
부엉이 요괴들이 심통을 부리고
있습니다. 요괴들에게서
낱말을 되찾아 옵시다.

낌새의 장난

낌새가 사람 낱말들을 알아보지 못하게 장난을 쳐 놓았어요. 낱말들이 본래의 모습으로 돌아갈 수 있도록 여러분이 도와주세요.

하나, 쟁이와 꾸러기 사람 낱말 알아보기

낌새가 '쟁이'나 '꾸러기'가 뒤에 붙는 낱말들을 잡아다 놓았어요. 그러고는 이 가운데 쟁이나 꾸러기가 둘 다 붙을 수 있는 낱말 5개를 찾으면 모두 풀어 주겠다고 하네요. 어떤 낱말일까요? 찾아서 ◯ 하세요.

'쟁이'와 '꾸러기'는 사람의 행동이나 성질 등을 가리키는 낱말 뒤에 붙어서 '그런 특성을 가진 사람'을 가리키는 말이야.

말썽	욕심	거짓말	무식
장난	수다	늦잠	꾀
꾀병	미련	뻥	잠
엄살	심술	고집	
신경질	게으름	트집	

쟁이와 꾸러기를 붙여서 말해 봐.

둘, 낌새 가위바위보 사람 낱말 회상하기

낌새가 사람을 가리키는 낱말들 가운데 '보'로 끝나는 낱말들을 걸고 가위바위보 놀이를 하자고 하네요. 낌새가 중얼대는 말과 잘 어울리는 '보'자 낱말을 보기 에서 찾아 빈칸에 쓰세요.

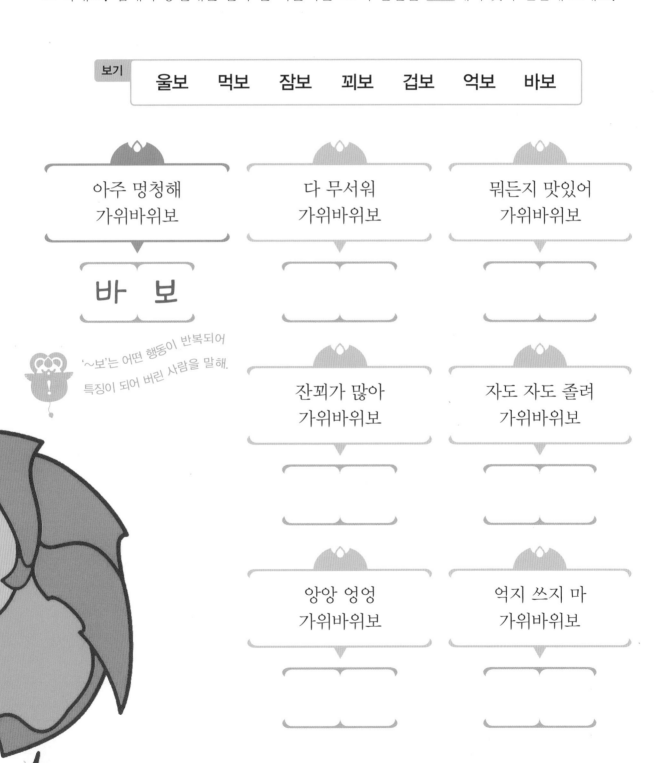

보기 울보 먹보 잠보 꾀보 겁보 억보 바보

아주 멍청해
가위바위보

↓

바 보

'~보'는 어떤 행동이 반복되어
특징이 되어 버린 사람을 말해.

다 무서워
가위바위보

뭐든지 맛있어
가위바위보

잔꾀가 많아
가위바위보

자도 자도 졸려
가위바위보

앙앙 엉엉
가위바위보

억지 쓰지 마
가위바위보

셋, 뒤죽박죽 쌍둥이 낱말 사람 낱말 회상하기

낌새가 비슷한 사람 낱말들을 둘씩 잡아다 알아보지 못하게 마구 뒤섞어 놓았어요. 뒤죽박죽
뒤섞인 두 가지 사람 낱말을 나눠서 쓰세요.

억떼보쟁이

억	보

떼	쟁	이

재꾀간돌이둥이

꾀		이

재			이

내풋애송이기

풋		기

애		이

떠버수리쟁다이

떠		리

수		이

집잔쟁소이트리꾼

잔			꾼

트		이

구쟁러기장난꾸개이

개			이

장			기

모양새의 방해

모양새가 낱말들이 어울려 새로운 낱말이 되는 걸 방해하고 있어요. 낱말들이 제자리를 찾아 새 낱말이 될 수 있도록 여러분이 도와주세요.

하나, 얼렁뚱땅 얼치기 낱말 _{낱말의 형태 알아보기}

모양새가 모양이 비슷한 사람 낱말들을 셋씩 잡아다 묶어 놓았어요. 그런데 그 가운데 하나는 그럴듯해 보이지만 엉터리인 얼치기 낱말이에요. 모양새가 얼렁 뚱땅 묶어 놓은 낱말 가운데 얼치기 낱말을 골라내어 ✔ 하세요.

☐ 심술꾸러기
✔ 심술둥이

☐ 욕심꾼
☐ 욕심쟁이

☐ 꾀돌이
☐ 꾀둥이

'~둥이'는 그러한 성질이 있는 사람을 말해.

'~꾼'은 어떤 일을 즐겨 하는 사람이지.

☐ 말썽잡이
☐ 말썽꾸러기

☐ 바람쟁이
☐ 바람장이

☐ 게으름뱅이
☐ 게으름꾼

'~뱅이'는 그것을 특성으로 가진 사람을 말해.

☐ 잠보
☐ 잠쟁이

☐ 겁쟁이
☐ 겁둥이

둘, 헷갈려 헷갈려 낱말의 형태 알아보기

모양새가 중얼거리는 사람 낱말 가운데는 틀린 말이 하나씩 들어 있어요. 알맞은 낱말이
되도록 틀린 글자를 빈칸에 바르게 고쳐 쓰세요.

'장이'는 그것과 관련된 기술을 가진 사람을 말하고,
'쟁이'는 그런 사람을 낮추어 부를 때 쓰지.

걱정하지 마, 풋나기라서
쉽게 이길 거야.

풋	내	기

용한 점장이라고 하지만
그 말은 믿을 수가 없어.

점		이

두 친구가 어쩌면 저렇게
쌍동이 같을까.

쌍		이

어라, 이제 보니
너 왼손잽이구나.

왼	손		이

나뭇군이 도끼로
나무 밑동을 찍었어요.

나		

대장쟁이는 쇠를 달구어
망치로 두드렸다.

대	장		이

셋, 흉내말 명함 동작이나 소리를 흉내 낸 낱말 알기

모양새가 사람 낱말과 흉내말을 붙잡아 놓았어요. 흉내말과 그에 어울리는 사람 낱말을 알맞게 짝지어 명함을 만들어 주면 구출할 수 있는데요. 빈칸에 알맞은 흉내말이나 사람 낱말을 써 넣어 흉내말들을 구해 주세요.

바들바들
지끈지끈
쏙닥쏙닥
어리벙벙

악바리
트집쟁이
대장장이
갓난쟁이

아등바등
악 바 리
010-12345678

겁쟁이
020-12345678

응애응애
030-12345678

미련퉁이
040-12345678

뚝딱뚝딱
050-12345678

고자질쟁이
060-12345678

골칫덩이
080-12345678

따따부따
070-12345678

'따따부따'는 딱딱한 말씨로 따지고 다투는 소리야.

말본새의 훼방

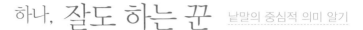

말본새가 낱말들이 갖고 있는 뜻을 알지 못하게 훼방을 놓고 있어요. 낱말들이 제 역할을 할 수 있도록 도와주세요.

하나, 잘도 하는 꾼 낱말의 중심적 의미 알기

말본새가 사람 낱말들 가운데 '꾼'으로 끝나는 낱말들만 잡아 놓았어요. 말본새가 중얼대는 말에 알맞은 '꾼'을 말하면 되찾아 올 수 있지요. 어떤 '꾼'인지 빈칸에 쓰세요.

잘도 사고파는군
→
| 장 | 사 | 꾼 |

잘도 추는군
→
| | 꾼 |

잘도 부르는군
→
| 리 | 꾼 |

잘도 잡는군
→
| 냥 | 꾼 |

잘도 속이는군
→
| 사 | | 꾼 |

잘도 아끼는군
→
| 림 | 꾼 |

잘도 싸우는군
→
| 움 | 꾼 |

잘도 지키는군
→
| 수 | 꾼 |

무언가를 지키거나 주위를 살피는 일을 '파수'라고 해.

둘, 좋은 이 나쁜 이 반의 관계의 낱말 알기

말본새가 그림 속 사람의 모습과는 맞지 않는 사람 낱말을 말하고 있어요. **보기** 에서 그림 속 사람의 모습과 맞는 낱말을 찾아 빈칸에 쓰세요.

보기

도우미   날쌘돌이   복덩이   꾀보   귀염둥이   키다리

바보

꾀 보

느림보

난쟁이

심술쟁이

훼방꾼

골칫덩이

셋, 낱말 상자 낱말의 의미 관계 알기

말본새가 사람 낱말들을 잡아다 낱말 상자에 넣고는 꼭꼭 잠가 놓았어요. 쌓아 놓은 네 낱말 상자 가운데 <u>사람 낱말이 아닌 것</u>이 있는데, 그 낱말이 있는 상자를 두드리면 나머지도 같이 열린다고 해요. 나머지 셋과 다른 낱말 하나를 찾아 ◯ 하세요.

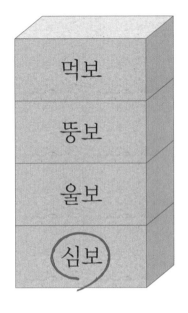

먹보

뚱보

울보

심보

담쟁이

멋쟁이

빚쟁이

떼쟁이

막둥이

늦둥이

순둥이

주둥이

'~내기'는 그런 특징을 지닌 사람을 뜻하고,
'~잡이'는 무엇을 다루는 사람을 말해.

키다리

늙다리

꺽다리

헛다리

뜨내기

새내기

풋내기

끝내기

바람잡이

왼손잡이

길라잡이

마구잡이

말본새의 심술

말본새가 낱말들의 쓰임새를 알지 못하게 심술을 부리고 있어요. 낱말들이 쓰임새에 따라 제 역할을 할 수 있도록 도와주세요.

하나, 끼리끼리 낱말 유의 관계의 낱말 알기

말본새가 비슷한 낱말들을 가두어 놓았어요. 두 낱말과 뜻이 비슷하거나 같은 낱말이 되도록 빈칸에 알맞은 글자를 보기 에서 찾아 쓰세요.

보기   잔 솜 천 송 촐 늦

트집쟁이
떼쟁이
→ 잔 소 리 꾼

재주꾼
재간둥이
→ 씨 꾼

까불이
덜렁이
→ 랑 이

골칫덩이
말썽쟁이
→ 덕 꾸 러 기

막둥이
순둥이
→ 둥 이

풋내기
신출내기
→ 애 이

둘, 낱말 산수 낱말의 중심적 의미 알기

말본새가 사람 낱말을 가지고 이상한 낱말 더하기 산수 문제를 내놓았는데요. 낱말 산수 문제의 답은 두 낱말과 비슷한 낱말이라고 하네요. ☐ 안에 알맞은 글자를 쓰세요.

잠꾸러기
+ 느림보

게 으 름 뱅이

뻥쟁이
+ 떠버리

☐ 짓 ☐ 쟁이

먹보
+ 잠보

☐ 보

깍쟁이
+ 내숭쟁이

새 ☐ 데기

개구쟁이
+ 장난꾼

☐ 썽 꾸러기

떼쟁이
+ 고집쟁이

악 ☐ 리

잔소리꾼
+ 수다쟁이

트 ☐ 쟁이

촐랑이
+ 덜렁이

까 ☐ 이

셋, 사람이야 짐승이야 낱말의 관용적 의미 알기

심통이 난 말본새가 멀쩡한 사람 낱말을 짐승 낱말로 바꾸어 놓았어요. 짐승 낱말을 다시 사람 낱말로 되돌려 주세요. 그림을 보고 알맞은 사람 낱말을 보기 에서 찾아 빈칸에 쓰세요.

보기: 귀염둥이　멋쟁이　깍쟁이　애송이　겁쟁이　욕심쟁이

물 찬 제비 → 멋 쟁 이

햇병아리

꿀돼지

'물 찬 제비'는 몸매가 매끈하여 보기 좋은 사람을 비유하여 이르는 말이야.

떡두꺼비

놀란 토끼

불여우

다섯째 날 북새의 심통

북새가 지금까지 배운 낱말들을 알아볼 수 없도록 숨기거나 엉뚱하게 만들고 있어요. 북새의 심통에 낱말들이 도망가지 않도록 여러분이 지켜 주세요.

하나, 덜렁이 잠자리 사람 어휘 알기

사람 낱말 하나를 훔쳐 달아나는 북새를 붙잡았어요. 훔친 낱말을 알려면 6개의 낱말에서 한 글자씩 찾아내야 한데요. 북새가 훔친 낱말이 무엇인지 ☐ 안에 쓰세요.

남에게 푸대접을 받는 사람 ▶ **천** 덕꾸러기

막내를 귀엽게 이르는 말 ▶ 막 ☐ 이

옷을 죄다 벗은 사람 ▶ ☐ 거숭이

거짓말을 잘하는 사람 ▶ ☐ 짓말쟁이

겉으로는 순해 보이나 속으로는 엉큼한 사람 ▶ 내 ☐ 쟁이

욕을 잘하는 사람 ▶ 욕쟁 ☐

천 ☐ ☐ ☐ ☐ ☐

☐☐☐☐☐는 철없이 두려운 줄 모르고 덤벙거리는 사람을 비유적으로 이르는 말이야.

120 초등 어휘 바탕 다지기

둘, 북새의 비밀 노트 사람 어휘 알기

북새가 사람 낱말들을 훔쳐다가 자신의 비밀 노트에 적어 놓았어요. 그런데 낱말을 똑바로 써 놓지 않고 엉뚱하게 써 놓았어요. 북새가 저만 알아보게 쓴 설명들을 살펴보고, 어떤 낱말 인지 **보기** 에서 찾아 ☐ 안에 쓰세요.

보기

땅꾼　엄살쟁이　나무꾼　먹보　낚시꾼　사냥꾼

• 뱀을 가장 좋아하는 꾼　　땅 꾼

• 물고기들이 가장 싫어하는 꾼　☐☐☐

• 짐승들이 가장 싫어하는 꾼　☐☐☐

• 나무들이 가장 싫어하는 꾼　☐☐☐

• 의사들이 가장 고치기 힘든 쟁이　☐☐☐☐

• 음식점 주인이 가장 좋아하는 보　☐☐

다섯째 날

셋, 사람 낱말 지도 사람 어휘 알기

북새가 사람에 대한 생각을 할 수 없도록 사람 낱말 지도를 군데군데 지워 놓았어요. 낱말들 사이의 관계를 잘 생각해 보고, 지워진 연결선을 다시 이어서 낱말 지도를 완성하세요.

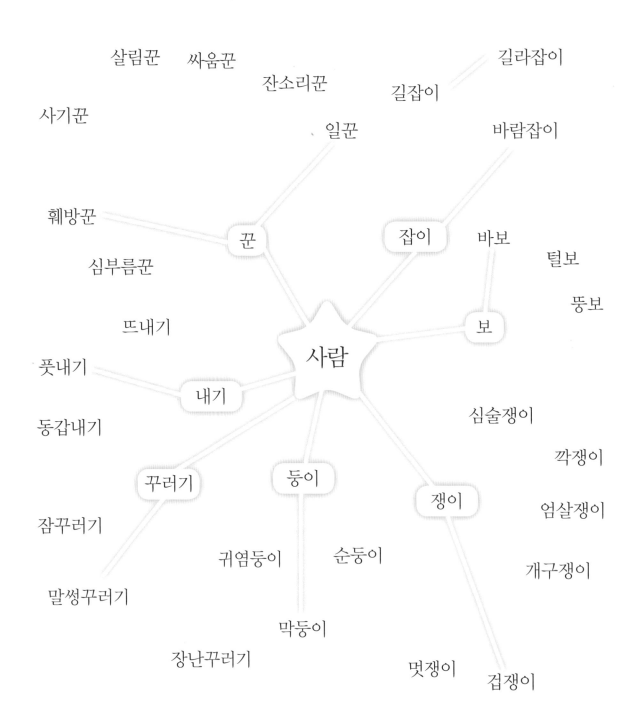

살림꾼　싸움꾼　　　　　　　　　길라잡이
　　　　　잔소리꾼　　길잡이
사기꾼　　　　　일꾼　　　　　바람잡이

훼방꾼　　　　　꾼　　　잡이　바보
심부름꾼　　　　　　　　　　　털보
　　　　　　　　　　　　　　　뚱보
뜨내기　　　　　　　　　보
풋내기　　　사람
내기　　　　　　심술쟁이
동갑내기　　　　　　　　깍쟁이
　　꾸러기　　둥이　　쟁이　엄살쟁이
잠꾸러기
　　　귀염둥이　순둥이　　개구쟁이
말썽꾸러기
　　　　막둥이
장난꾸러기　　　　　멋쟁이　겁쟁이

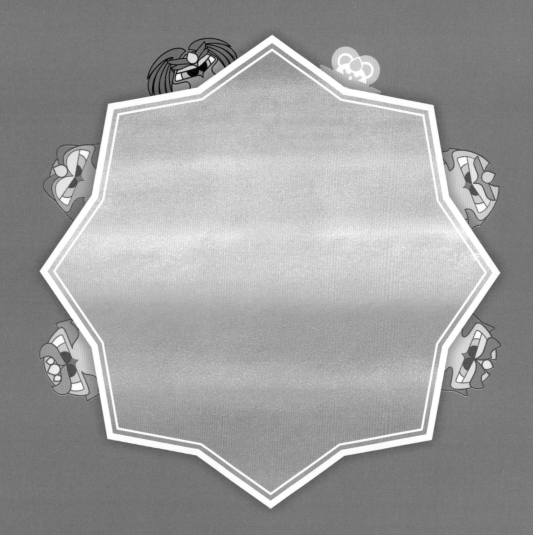

여덟째 주

빛깔 8

검정이나 빨강과 같이 빛깔을
가리키는 낱말을 가지고
부엉이 요괴들이 심통을 부리고
있습니다. 요괴들에게서
낱말을 되찾아 옵시다.

낌새의 장난

낌새가 빛깔 낱말들을 알아보지 못하게 장난을 쳐 놓았어요.
낱말들이 본래의 모습으로 돌아갈 수 있도록 여러분이
도와주세요.

하나, 비가 개면 나타나는 빛깔 <small>빛깔 낱말 회상하기</small>

낌새가 빛깔 하면 생각나는 낱말들을 잡아다 놓았어요. 이 낱말들을 되찾
아 오려면 아래의 낱말들이 가리키는 빛깔을 모두 가지고 있는 낱말을 찾
아내면 되지요. 찾아서 빈칸에 쓰세요.

딸기	호박꽃	당근	오렌지
오이	치즈	하늘	스쿨버스
무지개	사과	바다	가지	감
청바지	은행잎	포도	고추
파인애플	제비꽃	개구리

◻◻◻ 개

둘, 울긋불긋 다섯 빛깔 빛깔 낱말 알아보기

껌새가 세상을 예쁘게 만들어 주는 빛깔 낱말들을 잡아 와서 같은 빛깔끼리 모아 놓았어요.
낱말들을 잘 살펴보고 □에 들어갈 글자를 빈칸에 쓰세요.

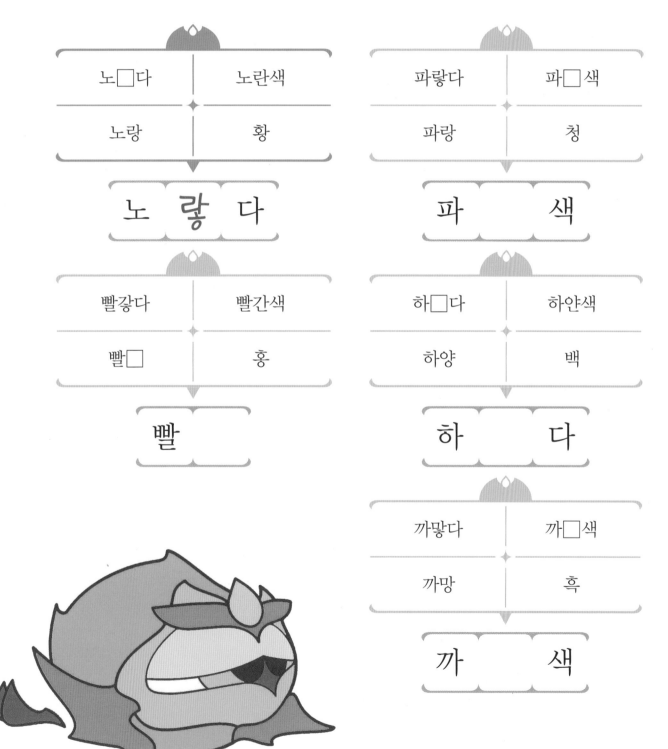

노□다	노란색
노랑	황

노 랑 다

파랑다	파□색
파랑	청

파 　 색

빨갛다	빨간색
빨□	홍

빨

하□다	하얀색
하양	백

하 　 다

까맣다	까□색
까망	흑

까 　 색

셋, 사라진 빛깔 빛깔 낱말 회상하기

낌새가 빛깔을 나타내는 낱말을 숨겨 놓아서 제 빛깔들을 다 잃어버렸어요. 낌새가 숨긴 빛깔
낱말들이 무엇인지 생각해 보고 빈칸에 쓰세요.

병아리

바나나

색

딸기

토마토

색

가지

포도

색

모양새의 방해

모양새가 낱말들이 어울려 새로운 낱말이 되는 걸 방해하고 있어요. 낱말들이 제자리를 찾아 새 낱말이 될 수 있도록 여러분이 도와주세요.

하나, 진하게 더 진하게 낱말의 형태 알아보기

모양새가 잡아 온 빛깔 낱말들 앞에서 중얼거리고 있어요. 모양새가 중얼거리는 낱말보다 더 진하고 센 낱말로 대꾸하면 빛깔 낱말들을 구할 수 있어요. 모양새가 중얼대는 낱말보다 더 진하고 센 낱말을 생각해서 빈칸에 쓰세요.

파랗다	빨갛다	하얗다
퍼 렇 다	뻘 □ 다	□ 옇 다

까맣다	새파랗다
꺼 □ 다	시 렇 다

새빨갛다	새까맣다	샛노랗다
시 겋 다	시 멓 다	싯 렇 다

둘, 낱말 팔레트 낱말의 짜임새 알아보기

모양새가 팔레트에 빛깔 낱말들을 가두어 놓았어요. 팔레트의 낱말들은 두 빛깔 낱말이 합쳐진 거래요. 어떤 빛깔 낱말들이 합쳐진 것인지 생각해서 □ 안에 쓰세요.

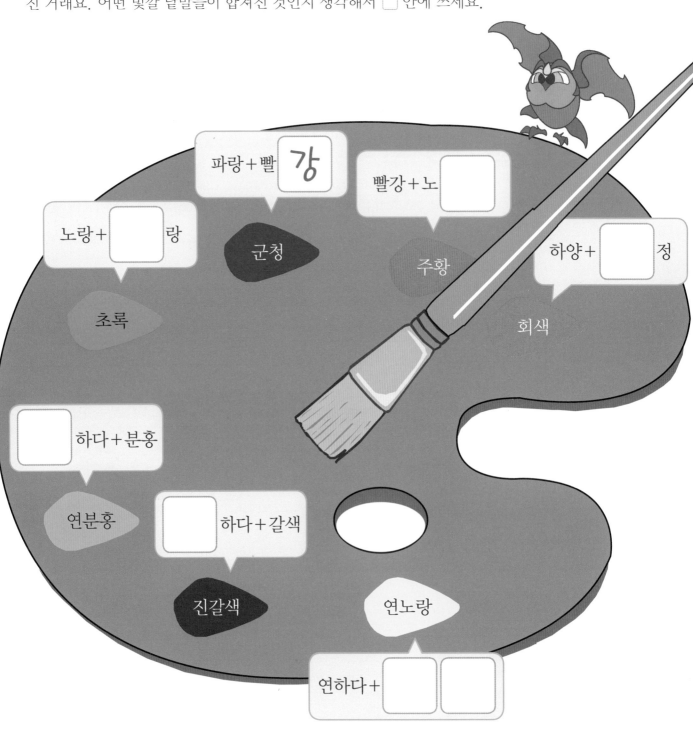

파랑+빨 강
빨강+노 □
노랑+ □ 랑
군청
주황
하양+ □ 정
초록
회색
□ 하다+분홍
연분홍
□ 하다+갈색
진갈색
연노랑
연하다+ □ □

셋, 스름하고 무레한 낱말의 형태 알아보기

모양새가 한 무리의 빛깔이지만 조금씩 다른 낱말들을 잡아다 놓고 중얼대고 있어요. 어떤 낱말인지 생각해 내면 빛깔 낱말들을 구해 올 수 있지요. ☐ 안에 알맞은 글자를 쓰세요.

검다 ▶ [거 무 스름하다] ▶ [거무레하다] ▶

푸르다 ▶ [푸르 ☐ ☐ 하다] ▶

[☐ 갛다] [발가스름하다] ▶ [발그무레하다] ▶

[☐ 랗다] ▶ [노르스름하다] ▶

[☐ 랗다] ▶ [파르스름하다] ▶ [파르 ☐ ☐ 하다] ▶

말본새의 훼방

말본새가 낱말들이 갖고 있는 뜻을 알지 못하게
훼방을 놓고 있어요. 낱말들이 제 역할을
할 수 있도록 도와주세요.

하나, 비슷 무리 낱말의 중심적 의미 알기

말본새가 빛깔 낱말 가운데 뜻이 비슷한 것들을 무리지어 두었어요. 네 낱말
가운데 하나는 나머지 셋과는 다른 뜻을 가졌는데요. 이 낱말을 골라내면 세
낱말을 구할 수 있어요. 뜻이 다른 낱말을 찾아 〇 하세요.

불긋불긋	불그죽죽
붉다	(방긋방긋)

노릇노릇	노랗다
노르스레	노르웨이

파르르	파랗다
파릇파릇	파르스레

누르스름	누르스레
누렇다	능청스레

검다	가무잡잡
거뭇거뭇	가물가물

허옇다	허여멀끔
하여간에	허여스름

둘, 색다른 놈(이색분자) 낱말의 의미 관계 알기

말본새가 비슷하거나 같은 빛깔 낱말을 붙잡아서 넷씩 엮어 놓았어요. 그런데 네 낱말 가운데 하나는 색다른 것이 있네요. 색다른 낱말을 찾아서 ○ 하세요.

먹빛	(오색)
흑색	깜장

진홍	붉은색
적색	청록

파랑	하늘빛
회색	청색

푸른색	하늘색
쪽빛	분홍

군청	누렁
금빛	황금색

 쪽빛은 하늘을 닮은 푸른 빛을 말하지.

우윳빛	고동색
순백	하양

고동색	갈색
연두색	구릿빛

검회색	잿빛
회색	자주색

셋, 말본새 빛깔 사전 낱말의 중심적 의미 알기

말본새가 사물의 빛깔과 같은 색을 나타내는 낱말들을 뽑아서 사전을 만들었어요. 되찾아 갈까 봐 풀이말 가운데 중요한 낱말을 빼놓았네요. 보기 를 보고 풀이말을 완성하여 사전에 실린 낱말들을 되찾아 오세요.

보기

코끼리	노란	주황	털	완두

연두색
□□콩의 빛깔과 같이 연한 초록색

완 두

감색
잘 익은 감의 빛깔과 같은 진한 □□색

쥐색
쥐의 □빛과 같은 어두운 회색

상아색
□□□의 큰 앞니 빛깔 같이 하얀빛을 띤 노란색

황토색
황토의 빛깔과 같은 밝은 □□빛을 띤 갈색

말본새의 심술

말본새가 낱말들의 쓰임새를 알지 못하게
심술을 부리고 있어요. 낱말들이 쓰임새에 따라
제 역할을 할 수 있도록 도와주세요.

하나, 색깔 빛깔 바꿔치기   유의 관계의 낱말 알기

말본새가 한 무리의 색깔 낱말을 잡아다 놓고 생떼를 부리고 있어요. 이 색
깔 낱말을 대신할 수 있는 낱말을 대면 돌려준다고 하네요. 빈칸에 알맞은
낱말을 쓰세요.

주황색	흰색	빨간색
감 빛	웃 빛	밋 빛

그 색깔을 가진 사물을 생각해 봐.

고동색		누런색
릿 빛		황 빛

초록색	남색	파랑색
빛	빛	늘 빛

둘, 알쏭달쏭한 색 낱말의 중심적 의미 알기

말본새가 색깔 낱말이지만 그 색깔이 딱히 정해져 있지 않은 것들을 모아다 숨겨 놓았어요.
말본새가 그 색깔 낱말의 뜻풀이를 종알대고 있는데요. 가만 보니 뜻풀이 가운데 색깔 낱말이
있네요. 빈칸에 알맞은 글자를 쓰세요.

사물 본디의 빛깔이지. 원래의
색이라고나 할까?

| 원 | 색 |

여러 가지 색이 합쳐져서
혼합된 빛깔이지.

| ㅎ | ㅎ | 색 |

사물이 본디 가지고 있는
빛깔이지. 그림을 그릴 때
바탕에 맨 먼저 칠하는 색깔!

| ㅂ | ㅌ | 색 |

다른 색이 섞이지 않은
순수한 색깔이야. 하양, 검정 따위가
섞이지 않은 빛깔이지.

| ㅅ | 색 |

아무런 빛깔도 없는 거야.
이것도 색깔이라면 색깔일까?

| ㅁ | 색 |

얼굴에 드러나는
온화하고 환한 빛깔이지.

| ㅎ | 색 |

셋, 겉 다르고 속 다른 말 낱말의 관용적 의미 알기

말본새가 겉과 속이 다른 말이지만 우리가 즐겨 쓰는 말을 훔쳐서 장난질을 하고 있어요. 안 그래도 겉과 속이 다른 말인데 겉 모습을 더 헷갈리게 하고 있네요. 말본새의 속생각을 보면서 본래 모습의 말을 찾아내 ✔ 하세요.

값이 같거나 같은 노력을 한다면 품질이 좋은 것을 고른다는 말.

- ☐ 같은 값이면 앞치마
- ✔ 같은 값이면 다홍치마

힘이나 기세 따위가 아주 대단하다는 말.

- ☐ 서슬이 벌겋다.
- ☐ 서슬이 퍼렇다.

마음이 깨끗하지 아니하고 엉큼하거나 음흉하다는 말.

- ☐ 속이 시커멓다.
- ☐ 속이 시뻘겋다.

무식하여 글을 알아보지 못함을 놀리는 말.

- ☐ 흰 것은 낮이고 검은 것은 밤이라
- ☐ 흰 것은 종이요 검은 것은 글씨라

풀색과 녹색은 같은 색이다. 처지가 같은 사람들끼리 한패가 되는 경우.

- ☐ 초록은 똥색이다.
- ☐ 초록은 동색이다.

귀하고 부자인 것도 한때여서 그 한때가 지나면 그만이야.

- ☐ 열흘 붉은 꽃이 없다.
- ☐ 열흘 푸른 꽃이 없다.

북새의 심통

북새가 지금까지 배운 낱말들을 알아볼 수 없도록 숨기거나 엉뚱하게 만들고 있어요. 북새의 심통에 낱말들이 도망가지 않도록 여러분이 지켜 주세요.

하나, 있다 없다　빛깔 어휘 알기

북새가 낱말 가운데 색깔 낱말이 들어 있는 것들만 훔쳐다 말장난을 하고 있어요. 북새가 떠들어 대는 말을 살펴보고 어떤 낱말인지 알아내면 되찾아 올 수 있어요. 빈칸에 알맞은 낱말을 쓰세요.

□□□는 있어도
홍바지, 흑바지는
없어요!

청 바 지

□□□는 있어도
노랑새, 빨강새는
없어요!

　　　새

□□□는 있어도
주황이, 초록이는
없어요!

　　이

□□□는 있어도
검소리, 청소리는
없어요!

　　소 리

□□□은 있어도
흰손, 파란손은
없어요!

　　손

□□, □□은
있어도
황군, 흑군은 없어요!

군　　군

□□□□은
있어도
청홍사진은 없어요!

　　사 진

둘, 색깔과 동물 이름 빛깔 어휘 알기

북새가 동물 가운데 색깔 낱말이 쓰인 것들을 훔쳐 가다 들키고 말았어요. 그냥 달아나기는 억울했는지 북새가 동물 이름들을 여덟 가지 색깔 낱말들로 서로 바꿔 놓았지요. 빈칸에 알맞은 글자를 쓰세요.

검둥새

노랑매

청여우

파 랑 새

　　　매

　　여 우

재소

백개구리

파랑개

　　소

　　개 구 리

　　　개

'재'는 잿빛을 말하는데 잿빛은 회색이야.

보라나비

황두루미

　　나 비

두 루 미

셋, 빛깔 낱말 지도 빛깔 어휘 알기

북새가 빛깔 생각을 할 수 없도록 빛깔 낱말 지도를 군데군데 지워 놓았어요. 낱말들이 이어져 있는 짜임새를 살펴보고, ☐ 안에 알맞은 글자를 써 넣어 지도를 완성하세요.

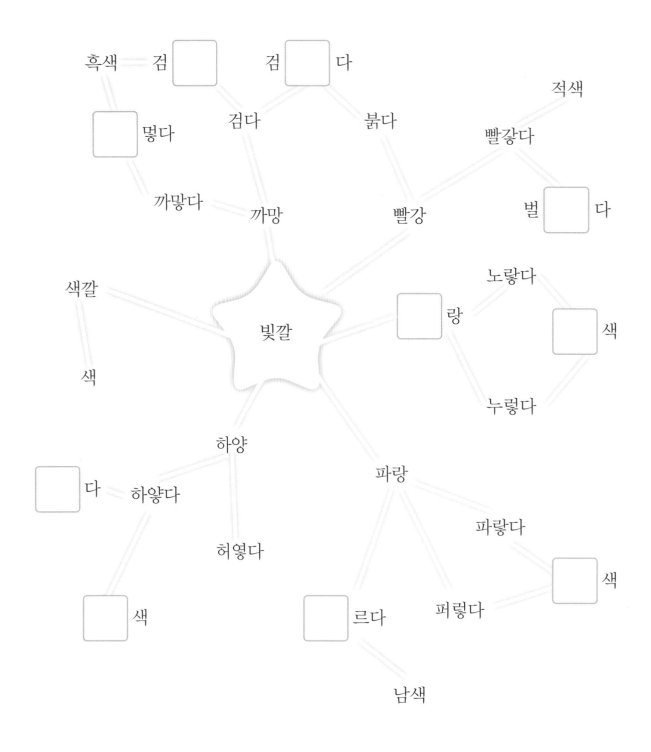

정답 및 풀이

본문 속 어려운 낱말을 풀어주는 낱말 풀이

알쏭달쏭한 속담과 관용구의 유래를 알려주는 속담·관용구 풀이

엄마가 설명하면 좋은 공부 팁 맘's 팁

첫째 주 놀이

첫째 날

12쪽

가위바위보　숨바꼭질　술래잡기
말뚝박기　소꿉놀이

13쪽

보물찾기　윷놀이　끝말잇기
땅따먹기
꼬리잡기　수수께끼　공기놀이

14쪽

바람개비　풍선　인형　가면
구슬　고무줄　팽이　세발자전거
제기　딱지

둘째 날

15쪽

땅따먹기　끝말잇기　그네뛰기
술래잡기　보물찾기　종이접기
딱지치기

16쪽

개비　뛰기　틀
줄　치기　터
동무　놀이

| 낱말 풀이 |

• 힘줄은 근육을 뼈에 들러붙어 있게 하는 끈 모양의 질긴 조직입니다.
• 길동무는 길을 함께 가거나, 같은 길을 가는 사람을 말합니다. 길벗이라고도 합니다.
• 어깨동무는 다른 사람 어깨에 서로 팔을 얹어 끼고 나란히 서거나, 그렇게 하고 노는 놀이입니다.

17쪽

까꿍　메롱　도리도리
짝짜꿍짝짜꿍　알나리깔나리　얼씨구

| 낱말 풀이 |

• 어르다는 어린아이를 편안하게 하거나 기쁘게 하려고 몸을 흔들어 주거나 달랜다는 말입니다.
• 요리조리는 일정한 방향 없이 요쪽으로 조쪽으로, 혹은 요렇게 조렇게라는 말입니다. 큰말은 이리저리.
• 도리도리는 어린아이가 머리를 좌우로 흔드는 동작입니다.
• 닐리리는 나팔이나 피리 같은 입으로 부는 악기의 소리를 흉내 낸 말입니다.
• 알나리깔나리는 아이들이 남을 놀릴 때 하는 말입니다. 원래 '알나리'란 아이 나리, 즉 어린 나이에 급제해 벼슬에 올랐거나 키가 작은 사람을 놀리며 부르던 말이 줄어든 것입니다. 깔나리는 운율을 맞추기 위해 별 뜻 없이 덧붙인 말이고요. '얼레리꼴레리'는 알나리깔나리가 잘못 쓰인 말입니다.

셋째 날

18쪽

굴렁쇠　시소　바람개비
어깨동무　구슬치기
꼭두각시　널뛰기　물장구

| 낱말 풀이 |

• 굴렁쇠는 아이들이 막대로 밀어 굴리면서 노는, 쇠로 만든 둥근 테입니다.

옛날 교과서에 실린 굴렁쇠

• 꼭두각시는 (전통) 인형극에서 쓰는 인형입니다.

한국 꼭두각시　　중국 꼭두각시

19쪽

메　술　보　시　선　팽

20쪽

잠깐 기다려. 딱지를 다시 가져올게.
장기는 언제나 이기고 질 수 있어.
그렇게 무서운 가면은 쓰지 마.
이 공은 어디서 산 거야?
우리 형은 제기 차는 데 선수야.

| 낱말 풀이 |

• '나는 장기 시간이 싫어.'에서 장기는 가장 잘하는 재주를 말합니다.
• '장기는 언제나 이기고 질 수 있어.'에서 장기는 바둑이나 체스처럼 두 편으로 나뉜 사람이 말판 위에서 말을 움직여 이기고 짐을 겨루는 놀이입니다. 푸른 글씨, 붉은 글씨를 새긴 말을 씁니다. 상대방의 우두머리를 잡을 때 '장군이야!'라고 하고, 이수를 막을 때 '멍군이야!'라고 하지요.

장기 두는 모습

• '내일이 제사라서 제기를 닦아야 해요.'에서 제기는 제사에 쓰는 그릇으로 놋그릇, 사기그릇, 나무그릇 등이 있습니다.

제사 음식을 담는 제기

넷째 날

21쪽

춤　방울　구슬
가면　로봇　재미

| 낱말 풀이 |

• 꼬리잡기는 여러 사람이 줄을 지어 앞사람의 허리를 잡고 서서, 맨 앞의 사람이 상대편의 맨 뒤에 있는 사람을 붙잡으면 이기는 놀이입니다.

22쪽

숨바꼭질　　인형놀이　　카드
물장난　　병정놀이　　마술
묵찌빠　　불꽃놀이

23쪽

문제 해결 방법을 찾아야 한다.
거절당했다고 포기하면 안 돼.
영희와 철수는 말이나 행동이 잘 맞는다.
이제 거짓으로 속이려는 짓은 그만하
는 게 어때?

| 속담·관용구 풀이 |

- **공이 넘어가다(넘어오다) :** 결정권이나 주
  도권 따위가 옮겨졌다는 말입니다. 축구나
  배구처럼 각 팀의 영역이 있는 경기에서
  공이 어느 한 쪽으로 넘어간 상황처럼요.
- **딱지 맞다 :** 퇴짜 맞다, 거절당했다는 말입
  니다. 옛날에 궁궐이나 관청에 바친 물건
  의 품질이 낮은 경우에 물리치는 뜻으로
  그 귀퉁이에 '퇴(退)'라는 글자를 찍거나
  종이(딱지)를 붙였습니다. 이것이 변해 마
  음에 차지 않는 것을 거부하는 말로 쓰이
  기 시작했다고 합니다. '퇴자(退字)'를 되
  게 발음하면서 '퇴짜'가 되었지요.
- **짝짜꿍 :** 말이나 행동에서 서로 짝이 잘 맞
  는 일을 뜻합니다.
- **가면을 쓰다 :** 속뜻을 감추고 겉으로 거짓
  을 꾸미는 의뭉스러운 얼굴, 또는 그런 태
  도나 모습이지요.

다섯째 날

24쪽

풍선　　　　딱지
꼭두각시　　스무고개
휘파람　　　종이접기

| 낱말 풀이 |

- 스무고개는 스무 번까지 질문을 하면서 문
  제의 답을 알아맞히는 놀이입니다.

25쪽

말장난　　　물장난　　　소꿉장난
병정놀이　　전쟁놀이　　군대놀이
꽃놀이　　　뱃놀이
단풍놀이　　쥐불놀이

맘's tip | 쥐불놀이를 하는 뜻은

쥐불놀이는 풍년을 바라며 논둑이나 밭둑에 불을
놓는 풍습에서 비롯된 놀이입니다. 불을 놓아 농
사에 피해를 주는 쥐와 해충을 없애고, 새싹을 왕
성하게 돋게 하지요. 겨우내 언 땅을 녹이고 새봄
을 맞이한다는 뜻이기도 합니다.

26쪽

스무고개　　물장난
끝말잇기　　인형
수수께끼　　구슬
말뚝박기
땅따먹기　　카드
군대놀이　　소꿉놀이

둘째 주 운동

첫째 날

28쪽

축구　　　농구　　　야구
볼링　　　당구　　　골프
탁구　　　배구

29쪽

유도　　　검도
복싱　　　펜싱　　　레슬링
태권도　　씨름

30쪽

스포츠

둘째 날

31쪽

도　　　　링
키　　　　스

32쪽

마라톤　　　배드민턴　　금도
스케이트　　펜싱　　　　래슬링
태권도　　　하키　　　　채조

33쪽

권투　　　축구　　　사이클링
테니스　　농구　　　다이빙
수영　　　볼링　　　스케이팅

셋째 날

34쪽

테니스　　탁구　　　핸드볼
양궁　　　복싱　　　계주

| 낱말 풀이 |

- 송구는 공을 던져 보낸다는 뜻으로, 손으로
  공을 던지는 경기인 핸드볼을 이릅니다.
- 계주는 일정한 거리를 4명이 나누어 배턴 (바
  통)을 주고받으며 이어 달리는 경기입니다.

35쪽

야구　　　계주　　　농구
양궁　　　축구　　　테니스
탁구　　　스케이팅　핸드볼

| 낱말 풀이 |

- 스트라이크는 야구에서 투수가 던진 공이
  스트라이크 존을 통과하거나 또는 타자가
  공을 치지 못한 경우를 이르는 말입니다.
- 배턴은 이어달리기 경주에서 주자들이 자
  기 팀의 다음 주자에게 넘겨주는 둥글고
  단단한 막대기입니다.

배턴

- 골은 축구나 농구, 핸드볼, 하키 따위에서 공을 넣으면 득점하게 되는 문이나 바구니 모양의 표적, 혹은 득점을 뜻합니다.
- 과녁은 총이나 활을 쏠 때 겨냥해 쏠 수 있도록 만들어 놓은 물건입니다. (예: 화살이 과녁에 명중했다.)

양궁 과녁

- 패스는 공을 갖고 하는 운동 경기에서 자기편끼리 공을 주고받는 것입니다.
- 아웃은 테니스, 탁구, 농구, 배구 같은 경기에서 공이 규정된 선 밖으로 나간 것입니다. 아웃사이드(outside)의 줄임말.
- 서브는 테니스, 탁구, 배구 따위에서 공격하는 쪽에서 먼저 공을 쳐 보내는 일입니다.
- 트랙은 육상 경기장이나 빙상 경기장에서 선수들이 따라 달리는 길입니다.

트랙

- 슛은 농구·축구 같은 경기에서 바구니에 공을 던지거나 골을 향해 공을 차는 일입니다.

36쪽

테니스　　　수영
역도　　　　펜싱
체조　　　　다이빙

넷째 날

맘's tip | 정답은 여러 개

아래 기준 말고 다른 기준으로 답을 제시할 수 있습니다.

럭비(각 편이 일정한 영역에 머무는가)
스케이팅(도구를 쓰는 경기인가/ 육상에서 하는 경기인가)
스키(두 사람이 맞붙어 싸우는가)

펜싱(맨손으로 하는 운동인가)
사이클링(공을 사용하는가)
수영(육상에서 하는 경기인가)
야구(실내에서 하는 운동인가)

38쪽

핸드볼　　　탁구　　　펜싱
레슬링　　　수영　　　스키
배구　　　　복싱　　　사이클링

| 낱말 풀이 |

- 샅바는 씨름을 할 때 상대편이 잡을 수 있도록 허리와 다리에 둘러 묶는 천이나 줄입니다.

39쪽

럭비공　　　마라톤　　　체조
챔피언　　　바통

| 낱말 풀이 |

- 럭비공은 공기의 저항을 덜 받도록 길쭉한 타원형으로 만듭니다. 이런 모양 때문에 땅에 튀기면 어디로 튈지 예측하기 힘들답니다.

럭비공

다섯째 날

40쪽

복싱, 펜싱
테니스, 스키, 스케이트
태권도, 검도, 권투
배구, 핸드볼, 배드민턴
볼링, 사격, 사이클링
스키, 패스, 스포츠

41쪽

사이클링　　야구　　　검도
테니스　　　역도
배구　　　　배드민턴　　당구

42쪽

마라톤　　　수영　　　　다이빙
체조　　　　아이스하키
역도
스키
태권도　　　씨름　　　　배구
권투　　　　럭비

| 낱말 풀이 |

- 수구는 수구는 물속에서 상대편 문에 공을 넣어 점수 따기를 겨룹니다. 7명이 한 팀.

수구 경기

- 빙상 경기는 얼음판 위에서 하는 경기를 말합니다.

얼음판 위에서 벌어지는 빙상 경기

- 수상 경기는 물에서 하는 운동 경기를 통틀어 말합니다. 빠르기를 가르는 수영, 다이빙, 수구 따위가 있습니다.

물에서 하는 수상 경기

- 육상 경기는 달리기, 뛰기, 던지기를 기본으로 하여 육상에서 하는 경기를 통틀어 말합니다. 100미터 달리기 등의 트랙 경기, 멀리뛰기 등의 필드 경기, 마라톤 따위입니다.

여러 가지 육상 경기

- 격투기는 두 사람이 서로 맞붙어 치고받으며 승패를 가르는 경기를 말합니다. 유도, 씨름, 권투, 레슬링 등이 있습니다.

여러 가지 격투기

• 구기는 축구나 농구처럼 공을 가지고 하는 운동 경기입니다.

셋째 주 동작

첫째 날

44쪽

움직이다

45쪽

다 리   발 손
눈 코   입
발 귀   팔[손, 다리, 발, 팔다리]

46쪽

얼음 땡 : 좋다, 싫다, 밀다, 덥다,
          크다, 춥다, 작다, 곱다
움찔 동 : 먹다, 씻다, 읽다, 입다,
          신다, 벗다, 보다, 들다

둘째 날

47쪽

짖다   읽다   박다
닦다   씹다   묶다

48쪽

오가다   따오다   까먹다
빼먹다   파묻다   날뛰다
뛰놀다   가보다   나가다

49쪽

다가오다   건네주다   물려받다
돌아서다
둘러앉다   힘들다   깨어나다
넘어가다

셋째 날

50쪽

흔들다   만나다   부여잡다
생각하다   체포하다   마주보다

| 낱말 풀이 |

• 거닐다는 아무 목적 없이 한가롭게 걸어 다니는 말입니다.(예 : 어머니는 저녁 시간에 아이 손을 잡고 공원을 거닐었다.)
• 서성이다는 한곳에 서 있지 않고 주위를 왔다 갔다 하는 모습입니다.(예 : 철이는 집에 가지 않고 학교 정문 앞에서 서성였다.)
• 보듬다는 가슴에 대어 품어 안는다는 뜻입니다.(예 : 엄마가 아기를 보듬는 모습은 언제나 아름답다.)
• 부여잡다는 두 손으로 힘껏 붙들어 잡는 것입니다.(예 : 아이는 내 옷자락을 부여잡고 놓아주지 않았다.)
• 곯아떨어지다는 아주 피곤하거나 술에 취해 매우 깊이 잠든다는 뜻입니다.(예 : 며칠 밤을 새웠더니 눕자마자 곯아떨어졌다.)

51쪽

이름을 쓴다.   커피를 탄다.
한숨을 쉰다.   변기에 싸.
물이 가득 찼다.

52쪽

말하다   다니다   알다   만나다
바라다   주다   입다   생각하다

| 낱말 풀이 |

• 일컫는다는 이름 지어 부르거나 가리켜 말하는 것입니다.(예 : 사자를 흔히 백수의 왕으로 일컫는다.)
• 궁리하다는 마음속으로 이리저리 따져 깊이 생각하다는 말입니다.

넷째 날

53쪽

오가다   길고 짧다
주고받다   여닫다
오르내리다 사고팔다
치고받다

| 낱말 풀이 |

• 치다는 무엇을 세게 두드린다 혹은 때린다는 말입니다.)
• 받다는 머리나 뿔 따위로 세차게 부딪친다는 말입니다.

54쪽

뛰어넘다   놓아두다
올라타다   건네주다
끌어당기다 뒤집어엎다
감싸다   붙들어 잡다

55쪽

이제 실랑이는 그만하지?
정말, 이해가 되지 않는다.
어쩔 수 없이 해야 할 일이야.
엄마와 꼭 닮았네!
고만고만한 애끼리 다투니?
이렇게 하나 저렇게 하나 마찬가지야.

| 낱말 풀이 |

• 실랑이는 서로 말로 다투는 것입니다.(예 : 매표구에서 작은 실랑이가 벌어졌다.)

| 속담 · 관용구 풀이 |

• 빼다(가) 박다 : 누구를 몹시 닮았다 혹은 모양이나 상황 따위가 비슷하다는 뜻이지요.(예 : 나는 우리 어머니를 꼭 빼다 박았다는 말을 종종 듣는다.) 빼다는 꼭 그대로 물려받았다는 말이에요.
• 도토리 키 재기 : 도토리는 모양도 크기도 고만고만하고 별 차이가 없지요. 그래서 이 말은 정도가 고만고만한 사람끼리 서로 다툼을 이르거나, 비슷비슷하여 견주어 볼 필요가 없음을 이른답니다.

- **엎치나 메치나 :** 엎치다는 위가 아래가 되게 뒤집어 놓다, 메치다는 메어치다 즉 어깨 너머로 둘러메어 내리치다는 뜻이에요. 어차피 넘어진 상태이지요. 그래서 이 말은 이렇게 하나 저렇게 하나 마찬가지라는 뜻으로 쓰이지요.

다섯째 날

56쪽

날다 - 앉다 - 펴다 - 가다 - 걷다 - 돌다 - 집다

57쪽

눈여겨보다	귀담아듣다
입맞춤하다	어깨동무하다
턱걸이하다	손가락질하다
배짱부리다	발길질하다

| 낱말 풀이 |

- 눈여겨보다는 주의 깊게 잘 살펴보는 것입니다.
- 턱걸이하다는 어떤 기준에 겨우 미치는 것을 말합니다.
- 배짱부리다는 배짱을 드러내어 조금도 굽히지 않고 버틴다는 뜻입니다.
- 귀담아듣다는 주의하여 잘 듣는 것이죠.
- 어깨동무하다는 어떤 사람이 다른 사람과, 또는 여러 사람이 서로 어깨에 팔을 얹어 끼고 나란히 하다는 뜻입니다.(예 : 동생과 나는 서로 어깨동무하고서 공원을 걸었다.)
- 손가락질하다는 손가락으로 무엇을 가리킨다는 뜻도 있고, 누군가를 얕보거나 흉본다는 뜻도 있습니다.(예 : 동네 사람들은 잘못을 저지르고도 뉘우칠 줄 모르는 그에게 손가락질하였다.)

58쪽

가라앉다		드러눕다	
돌다	서다	가다	날뛰다
입다			
보다	듣다	쓰다	
다니다			

| 낱말 풀이 |

- 맴돌다는 제자리에서 몸을 뱅뱅 도는 것을 말합니다. '고추 먹고 맴맴, 달래 먹고 맴맴', 매워서 뱅뱅 맴도는 모습이 떠오르지요.
- 날뛰다는 날 듯이 껑충껑충 뛰는 것이나, 함부로 덤비거나 거칠게 행동하는 것입니다.
- 싸다니다는 여기저기를 마구 돌아다니는 것을 얕잡아 하는 말입니다.(예 : 너는 도대체 어디를 그렇게 싸다니니?)

넷째 주 기구

첫째 날

60쪽

가구

61쪽

도구 = 공구 = 연장

| 낱말 풀이 |

- 부삽은 아궁이나 화로의 재를 치거나, 숯불이나 불을 담아 옮기는 데 쓰는 조그마한 삽입니다. 네모지거나 둥근 모양이죠.

부삽

- 도구는 일을 할 때 쓰는 연장을 통틀어 말합니다.(예 : 청소 도구 / 인간은 도구를 쓰는 동물이다.)
- 공구는 물건을 만들거나 고치는 데 쓰는 기구나 도구를 말합니다.(예 : 톱은 나무를 자를 때 쓰는 공구이다.)
- 연장은 어떠한 일을 하는 데에 사용하는 도구입니다.(예 : 목수가 톱과 대패 따위 연장을 챙겨서 왔다.)

62쪽

그릇

| 낱말 풀이 |

- 쟁반은 그릇을 받쳐 드는 데 쓰는, 높이가 얕고 바닥이 넓적한 큰 그릇입니다.

접시나 그릇을 옮기는 쟁반

- 대야는 주로 세수할 때 물을 담아 쓰는 둥글고 넓적한 그릇입니다.

놋대야와 플라스틱 대야

- 항아리는 위와 아래가 좁고 가운데가 불룩한 작은 독입니다. 오지그릇 중 큰 것은 독이라 했는데, 간장이나 된장을 담은 것이 장독이지요.

커다란 독, 작은 항아리

- 바가지는 물을 푸거나 물건을 담는 둥글고 오목한 그릇입니다. 옛날에는 박을 반으로 잘라 속을 파서 만들었지요. 지금은 흔히 플라스틱 바가지를 쓰지요..

박을 잘라 만든 바가지

- 소쿠리는 원래 얇게 자른 대나무를 엮어 반원형으로 만든 그릇입니다. 물기가 잘 빠지고 공기가 통해 익힌 음식을 넣거나 채소를 씻어 받치기에 제격이지요.

밑이 둥근 소쿠리

- 바구니는 대나 싸리 따위를 쪼개어 둥글게 엮어 속이 깊숙하게 만든 그릇입니다.

속이 깊숙한 바구니

• 광주리는 버들가지나 싸리 따위를 엮어 만든 큰 그릇입니다. 그릇을 벌려서 넣거나 김장 배추를 씻어 엎든지 하는 큰 일에 씁니다.

큼직한 광주리

둘째 날

63쪽

삽	톱	솥
집게	의자	소파
가위	저울	송곳

맘's tip | 밥을 짓는 솥

지금은 압력밥솥, 전기밥솥으로 밥을 하지만 옛날에는 쇠로 만든 솥을 부뚜막에 걸고 밥을 지었지요. 아주 크고 우묵한 솥을 가마솥이라 했습니다. 시대가 달라져 모양이 달라져도 밥을 짓는 그릇은 '솥'입니다.

64쪽

책꽂이	옷걸이	재떨이
손톱깎이	이쑤시개	
쓰레받기	물뿌리개	

65쪽

장롱	책꽂이
쓰레받기	숟가락
프라이팬	재떨이
빨래집게	냄비

| 낱말 풀이 |

• 장롱은 옷, 침구, 패물 따위를 넣어 두는 한국식 가구입니다. 농(籠)은 여러 개의 서랍과 문이 달린, 옷이나 이불 따위를 넣어 두는 큰 가구를 말하는데, 두음법칙에 따라 첫 글자로 오면 농이 되지만, 두 번째 글자가 되면 원래 음을 되찾아 롱이 되지요. 그러니까 장농은 잘못된 표기입니다.

맘's tip | 유서 깊은 낱말, 집게

집게는 손으로 물건을 잡아서 들다=집다와 도구를 나타내는 '게'가 합쳐진 말입니다. 보통 도구를 나타내는 말은 '개'입니다. 지우다-지우개, 덮다-덮개, 가리다-가리개 처럼요. 그런데 '집게'만은 조선 초인 15세기 문헌에서도 언제나 '집게'라고 썼는데, '개'가 아니라 '게'인 이유는 알려지지 않았습니다. 집게, 유서가 깊고 비밀도 많은 낱말입니다.

셋째 날

66쪽

사다리	걸상	탁자
침대	휴지통	바구니
책꽂이		

67쪽

귀이개	빗자루	우산
주걱	다리미	송곳

68쪽

썰다	담다	재다
뜨다	꽂다	켜다
열다	풀다	

넷째 날

69쪽

옷	밥
불	물

| 낱말 풀이 |

• 동이는 옛날에 물 긷는 데 쓰던 항아리인 물동이를 말합니다. 주둥이가 넓고 양쪽에 손잡이가 달렸지요. 서양에서 들어온 동이가 양동이입니다.

동이를 인 소녀

동이	양동이

70쪽

드라이버	프라이팬
라이터	스푼
커피포트	플러그

71쪽

도깨비방망이	바보상자
가시방석	가위바위보
구둣주걱	비행접시
자선냄비	

| 낱말 풀이 |

• 바보상자는 텔레비전을 달리 이르는 말입니다. 처음 텔레비전이 나왔을 때, 사람들이 아무 것도 하지 않고 바보처럼 텔레비전만 본다고 하여, 이런 말이 나왔습니다..
• 가시방석은 앉아 있기에 아주 불안스러운 자리를 비유적으로 이르는 말입니다. 바늘방석이라고도 합니다.
• 구둣주걱은 구두를 신을 때, 발이 들어가도록 뒤축에 대는 도구로 작은 주걱 모양으로 생겼습니다.
• 자선냄비는 연말에 구세군 일꾼들이 형편이 안 좋은 사람들을 돕기 위해 길가에 걸어 놓고 성금을 걷는 그릇입니다.

다섯째 날

72쪽

덮개	술	밥
신	물병	쌀독

73쪽

형광등	족집게
깡통	바가지
거울	보물단지

|낱말 풀이|

- 족집게는 잔털이나 가시 따위를 뽑는 쇠로 만든 조그마한 기구입니다. 그래서 어떤 사실을 정확하게 지적하거나 잘 알아맞히는 사람을 가리키기도 합니다.

족집게

74쪽

화장대	소쿠리
의자	
책장[옷장]	바가지
집게	주전자
가위	쓰레받기

다섯째 주 탈것

첫째 날

76쪽

헬리콥터	화물선	돛단배

77쪽

여객기	열기구
유람선	항공모함	잠수함

78쪽

소방차	지게차	쓰레기차
구급차	경찰차	유조차

|낱말 풀이|

- 지게차는 짐을 싣거나 내리는 데 쓰이는 차입니다. 차의 앞부분에 지게처럼 두 개의 길쭉한 철판이 나와 있고 위아래로 움직일 수 있게 되어 있습니다.

지게차

- 유조차는 석유나 가솔린 등 기름통을 싣고 다니는 차입니다. 기름통, 즉 유조는 커다란 원통처럼 생겼지요.

둘째 날

79쪽

버스	택시
오토바이	포클레인
컨테이너	헬리콥터
앰뷸런스	

80쪽

트럭	택시	기차
화물선	보트	비행기
제트기		

|낱말 풀이|

- 포물선은 공중으로 비스듬히 던진 돌의 자취와 같은 점점 굽어지는 선입니다. (예: 돌멩이를 던지니, 멀리 포물선을 그으며 떨어졌다.)

81쪽

두리둥실	부릉부릉	뛰뛰빵빵
덜컹덜컹	삐오삐오	칙칙폭폭

셋째 날

82쪽

어선	트럭	헬기
전차	돛단배	놀잇배
오토바이	학교버스	

83쪽

자라다 (예: 택시에 태우다. 택시를 달리다, 부르다.)

뒹굴다 (예: 보트를 띄우다. 보트가 뒤집히다. 보트에 타다.)

푸다 (예: 비행기가 뜨다, 날다, 내리다.)

익다 (예: 잠수함에 타다. 잠수함이 떠오르다. 잠수함에 싣다.)

아프다 (예: 자전거 페달을 밟다. 자전거가 넘어지다, 흔들리다.)

솟다 (예: 트럭으로 나르다, 옮기다. 트럭을 운전하다.)

잠기다 (예: 기차가 멈추다, 오르다, 서다.)

잇다 (예: 전투기가 싸우다, 추락하다, 비행하다.)

84쪽

핸들	공항	바퀴
조종사	경찰서	
터미널	뱃고동	땅속

넷째 날

85쪽

케이블카	오픈카	오토바이
버스	레커차	레미콘
컨테이너	트레일러	

|낱말 풀이|

- 케이블카는 공중에 매어 단 줄에 찻간을 매달아 산에 사람이나 짐을 나르는 장치입니다.
- 오픈카는 덮개나 지붕이 없거나, 접어서 열 수 있는 덮개를 단 자동차를 말합니다.
- 레커차는 기중기를 달아 다른 자동차를 끌고 가는 차, 견인차입니다. 보통 고장 난 차나 불법으로 주차한 차를 끌고 가죠.
- 레미콘은 콘크리트를 운반하는 트럭입니다. 뒤에 달린 커다란 통에서 콘크리트가 굳지 않도록 개면서 운반하지요.
- 트레일러는 다른 견인차에 이끌려 짐이나 사람을 운반하는 차입니다. 트레일러 자체에는 엔진이 없습니다.

트럭에 이끌려 가는 트레일러

86쪽

유모차	비행선
비둘기	비행접시
강철	홍차

|낱말 풀이|

- 비행선은 배처럼 생긴 비행기입니다. 공기보다 가벼운 기체를 배 모양의 가벼운 큰 통에 채워서 공기 중에 띄우고, 프로펠러를 이용해 날아다닙니다.

비행선

- 비행정은 물 위에서 뜨고 내리는 비행기를 말합니다. 속도가 느리지만, 짐을 많이 실을 수 있습니다. 숲에서 난 불을 끄거나, 구조 활동에 쓰입니다.

비행정

87쪽

배가 지나간 자리야.
비행기 태우지 마라.
버스 지나간 다음에 손 흔드니?
이미 한 배를 탄 거야.

|낱말 풀이|

- 배 지나간 자리 : 바다 위에 배가 지나가고 나도 아무런 흔적이 남지 않듯, 일을 하긴 했으나 아무 표가 나지 않는다는 말입니다.
- 한 배를 타다 : 옛날 중국의 오나라와 월나라 임금은 서로 상대를 죽이겠노라 다짐한 원수였습니다. 하루는 두 임금이 제가끔 급한 길을 가다가 한 배를 타게 되었습니다. 서로 급한 일이 있으니 배에서 내릴 수도 없고, 배 위에서 다투다가는 배가 뒤집힐 수 있으니 두 임금 모두 꾹 참았다고 합니다. 그래서 입장이 다른 사람이라도 운명을 같이하는 것을 '한 배를 탄다'고 말합니다.

다섯째 날

88쪽

탈것	고기잡이배	
지하철	열차	돛단배
열기구	고속버스	잠수함

|낱말 풀이|

- 열차는 여러 개의 찻간을 길게 이어 놓은 기차입니다.
- 부상(浮上)은 물 위로 떠오른다는 말입니다.

89쪽

지하철	자동차	비행선
헬리콥터	항공모함	
쓰레기차	뺑소니차	

|낱말 풀이|

- 항공모함은 갑판에 비행기가 뜨고 내릴 수 있는 설비를 갖춘 아주 큰 군함입니다.
- 뺑소니차는 교통사고를 내고 그대로 도망치는 자동차를 말합니다.

90쪽

버스	트럭	
지하철	소방차	
항공모함	잠수함	
전투기	여객기	화물선

여섯째 주 식물

첫째 날

92쪽

배알	양고기	새참
들머리	무화과	
사탕수수	부동산	밤배

|낱말 풀이|

- 배알은 원래는 창자를 뜻합니다. 또한 속마음을 낮추어 부르는 말이기도 하지요. (예 : 그런 일을 당하고도 웃다니, 넌 배알도 없느냐?)
- 새참은 일을 하다가 잠깐 쉬면서 먹는 음식입니다.
- 무순은 저장하여 둔 무에서 자라난 연한 새싹, 순을 말합니다. 또는 무씨에서 싹을 내어 기른 채소를 가리키기도 하지요.

무순

- 들머리는 들어가는 맨 첫머리, 들목을 말합니다.(예 : 동네 들머리 / 겨울 들머리)
- 총각무는 잎이 달린 채로 김치를 담그는, 뿌리가 작은 무입니다.

총각무로
담근 김치

- 열무는 싱싱하고 연한 잎을 김치로 담가 먹는, 작고 어린 무입니다.

열무로
담근 김치

- 무화과는 자줏빛의 둥글고 씨가 많이 든 단 열매입니다. 꽃이 없이 열매를 맺는다 하여 무화과(無花果)라 하지요. 사실은 무화과나무의 꽃이 겉보기에는 꽃처럼 보이지 않아 그런 오해를 받는답니다.

무화과

- 월계수는 주로 지중해 지역에서 나는 늘푸른나무입니다. 잎은 향기가 좋아 향료로 쓰고 예전에는 올림픽에서 경기 우승자에게 '월계관'으로 씌워 주었지요.

월계수

월계수잎

- 야자수는 열대와 아열대 지방에 자라는 잎이 넓고, 높이가 10~30미터에 이르는 나무입니다. 그 열매가 야자이지요.

야자수

야자

- 보리수는 석가모니가 그 아래에서 진리를 깨달았다고 하는 나무입니다. 뽕나뭇과의 잎이 둥근 늘푸른큰키나무이지요.

인도 기원정사의 보리수나무

보리수 열매

- 사탕수수는 설탕의 원료가 되는 열대 지방의 식물입니다. 볏과의 외떡잎식물이지요. 줄기에서 짠 즙으로 설탕을 만듭니다.

사탕수수

사탕수수 줄기 단면

- 머루는 갈매나무목 포도과의 덩굴식물로 고려가요인 청산별곡에 '머루랑 다래랑 먹고 청산에 살어리랏다'고 등장할 만큼 우리나라에서는 친숙한 야생 과일이었습니다. 포도보다 성기게 열매가 열리지만 단맛이 강하지요. 산에 들에 난다고 하여 산머루라고도 합니다.

머루

- 부동산은 건물, 토지 같이 한 장소에 머물러 있는 재산입니다. 돈, 보석, 골동품 같이 쉽게 옮길 수 있는 재산은 동산이라 하지요.
- 밤배는 밤에 다니는 배를 말합니다.
- 밤고구마는 밤처럼 팍팍하고 단맛이 나는 고구마입니다.

93쪽

해바라기	복숭아
도라지	아카시아
도토리	미나리

94쪽

강아지풀	개구리밥
맨드라미	지푸라기
아름드리	그루터기
버들가지	카네이션

|낱말 풀이|

- 강아지풀은 잎이 좁고 길며 가는 줄기 끝에 잔털이 촘촘히 난, 손가락만 한 이삭을 맺는 한해살이풀입니다.

강아지풀

- 개구리밥은 논이나 연못 따위의 물에 떠서 자라는 작은 여러해살이풀입니다. 동그란 잎은 물에 뜨고, 뿌리는 물속에 늘어뜨리지요. 물에 둥둥 떠서 부평초라고도 하죠.

개구리밥

- 지푸라기는 낱낱의 짚 혹은 짚의 부스러기를 말합니다.
- 아름드리는 서 있는 나무의 둘레가 한 아름이 넘는 것을 말합니다. 아름은 두 팔에 가득히 안을 만큼이라는 말이지요. (예 : 아름드리 소나무 숲속은 대낮에도 하늘이 보이지 않게 가지가 덮고 있다.)
- 그루터기는 풀이나 나무 따위의 아랫동아리, 또는 그것들을 베고 남은 아랫동아리를 말합니다. (예 : 소나무 그루터기에 걸터앉았다.)

그루터기

둘째 날

95쪽

벼	감자	마늘
가지	오이	귤
수박	부추	장미

96쪽

토마토　　　강낭콩
꽃봉오리　　아름드리　　멜론
벚꽃　　　　지푸라기　　봉선화

맘's tip │ 봉오리와 봉우리

· 봉오리는 꽃봉오리의 준말이고요, 봉우리는 산봉우리의 준말이랍니다.
· 벚나무 꽃은 벚꽃, 열매는 버찌지요. 버찌를 생각하면 받침이 'ㅈ'이라는 걸 알 수 있어요.
· 이파리를 따서 손톱에 물을 들이는 봉선화는 봉숭아라고도 하지요. 봉선화(鳳仙花)는 한자어, 봉숭아는 우리말입니다.

봉선화

97쪽

파　　　　　쌀　　　　　갈대
고추　　　　씨　　　　　오이
뿌리　　　　대나무　　　보리

│낱말 풀이│

· 한들한들은 가볍고 얇은 것이 가볍게 자꾸 흔들리는 모양입니다. (예 : 코스모스가 한들한들 바람에 흔들린다.) 큰말은 흔들흔들.

셋째 날

98쪽

단추　　　　꿈나무
쌍꺼풀　　　검버섯
초상화　　　주근깨
웃음꽃　　　식초

│낱말 풀이│

· 물풀은 수초, 즉 물속이나 물가에서 자라는 풀을 말합니다.(예 : 연못가에는 갖가지 아름다운 수초가 자라고 있었다.)
· 검버섯은 나이가 든 사람의 피부에 생기는 거무스름한 점입니다. (예 : 검버섯이 낀 얼굴)

· 독버섯은 독이 든 버섯입니다. 대개 빛깔이 아름답고 끈끈한데 먹으면 사람을 상하게 합니다.

독버섯의 하나인
광대버섯

· 초상화는 사람의 얼굴 모습을 그린 그림입니다.

초상화(강세황)

· 목화는 무명천과 솜의 원료가 되는 식물입니다. 가을에 열매가 익으면 흰색의 털 모양 섬유가 되는데, 여기서 솜털을 모아 솜을 만들거나 실을 뽑아 무명천을 짭니다. 면화라고도 하지요. 씨에서는 기름을 짜는데 이것이 면실유입니다.

목화

· 해당화는 바닷가 모래땅에서 자라는 야생 장미입니다. 초여름에 붉은 꽃이 피고, 가을에 붉은 열매가 열리지요.

해당화

· 야생화는 산과 들에 저절로 자라는 식물의 꽃입니다. 들꽃이라고도 하지요.
· 나팔꽃, 초롱꽃, 호박꽃, 함박꽃, 방울꽃 (윗줄 왼쪽부터 시계방향으로)

· 해초는 새우말, 거머리말처럼 바다에서 자라는 꽃이 피고 열매를 맺는 풀입니다. 김, 파래, 미역 따위 '해조류'와 구분하기 위해 '해초'라고 합니다.

해초류의 하나인 거머리말

· 감초는 한약의 중요한 재료로 널리 쓰이는 풀입니다. 한약에 감초를 넣는 경우가 많아 한약방에는 감초가 반드시 있었지요. 그래서 어떤 일에나 빠짐없이 끼어드는 사람 또는 꼭 있어야 할 물건을 비유적으로 일러 '약방에 감초'라 합니다.

99쪽

가래나무　　오리나무
뽕나무　　　자작나무

맘's tip │ 나무 이름의 유래

· **가래나무**는 호두랑 비슷한 열매가 열리는 나무예요. 길쭉한 모양의 열매가 땅을 파는 도구인 가래와 닮았다고 해서 붙인 이름이라고 하죠. 가래와 가래가 닮았나요?

열매 가래　　　농기구 가래

가래는 세 사람이 한 조가 되어 일을 해서 흙을 한꺼번에 많이 팔 수 있습니다. 그래서 '호미로 막을 것을 가래로 막는다'는 말이 있지요.

가래질

- **오리나무**는 옛날에 거리를 표시하기 위해 5리마다 심어서 오리나무라고 해요. 나그네들이 길을 가다 오리나무를 보면 '십 리 절반쯤 왔구나.'고 생각했겠지요.

두메오리나무 잎과 열매

- **뽕나무**의 잎은 비단실을 내는 누에의 먹이가 되고, 열매는 오디라 하여 사람이 먹지요. 오디는 영양도 많고 소화도 잘 돼서, 많이 먹으면 방귀가 뽕뽕 나온다고 해요.

뽕잎과 오디

- **자작나무**는 하얀색 줄기가 인상적인 나무입니다. 나무껍질을 불에 태우면 자작자작 소리가 난다고 하지요.

자작나무

100쪽

꽃	과일	
풀	나물	채소
곡식	나무	

맘's tip | 갈대와 억새의 차이는?

둘 다 볏과의 여러해살이 풀이지만, 갈대는 물가에 살고요, 억새는 평지나 산에 산답니다. 갈대 줄기로는 발이나 자리를 짜고요, 억새 줄기로는 초가집 지붕을 얹었지요.

갈대   억새

넷째 날

101쪽

상추	당근	감자	밤꽃

102쪽

이파리	채소
넝쿨	당근
들꽃	검불

| 낱말 풀이 |

- 이파리는 나무나 풀의 살아 있는 낱 잎을 말합니다.
- 푸성귀는 기르거나 저절로 난 온갖 채소와 나물을 말합니다. 사람이 먹는 풀이지요.
- 넝쿨은 뻗어 나가 다른 물건을 감기도 하고 땅바닥에 퍼지기도 하는 식물의 줄기입니다.(예 : 울타리에 넝쿨을 올려 심은 애호박을 땄다.) 덩굴이라고도 하지요. 덩쿨은 잘못된 말입니다.
- 검불은 가느다란 마른 나뭇가지, 마른 풀, 낙엽 따위를 통틀어 이르는 말입니다.(예 : 바싹 마른 검불을 쓸어 모아 모닥불을 지폈다.)

103쪽

빛 좋은 개살구.
못 먹는 감 찔러나 본다.
호박이 넝쿨째 굴러 떨어졌다.
작은 고추가 맵다.
울며 겨자 먹기

| 속담 · 관용구 풀이 |

- **빛 좋은 개살구** : 개살구는 개살구나무의 열매인데 겉보기에는 살구보다도 먹음직스러운 빛깔을 띠고 있지만, 맛은 살구보다도 시고 떫어 먹지 못합니다. 그래서 겉만 그럴듯하고 실속이 없는 경우를 비유적으로 일러 '빛 좋은 개살구'라 한답니다.

다섯째 날

104쪽

영일영 – 일이삼구 – 이사구팔

| 낱말 풀이 |

- 구기자는 구기자나무의 열매로, 차로 마시거나 약재로 씁니다.

구기자

105쪽

할미꽃	애호박	뽕나무
억새	알밤	
수수	금잔디	호박씨

106쪽

장미	
진달래	코스코스
사과	상추
포도	가지
당근	고추

일곱째 주 사람

첫째 날

108쪽

말썽, 욕심, 늦잠, 엄살, 심술

109쪽

바보	겁보	먹보
꾀보	잠보	
울보	억보	

억보, 떼쟁이　　　꾀돌이, 재간둥이

풋내기, 애송이　　　떠버리, 수다쟁이

잔소리꾼, 트집쟁이

개구쟁이, 장난꾸러기

| 낱말 풀이 |

- 억보는 억지가 센 사람을 놀림조로 이르는 말입니다. '~보'는 그것을 특성으로 지닌 사람을 일컫는 말이지요. (예 : 꾀보 / 싸움보)
- ~둥이는 그러한 성질이 있거나 그와 긴밀한 관련이 있는 사람을 귀엽게 이르는 말입니다. (예 : 귀염둥이/ 막내둥이 / 재롱둥이) '동이'는 잘못된 말입니다. (예 : 재롱동이 ×)
- 풋내기는 경험이 없어서 일에 서투른 사람을 말합니다. '~내기'도 어떠한 특성을 지닌 사람이라는 뜻입니다. (예 : 신출내기)
- 애송이는 애티가 나는 사람을 말합니다.
- 떠버리는 자주 수다스럽게 떠드는 사람을 낮추어 부르는 말입니다.
- ~꾼은 어떤 일을 습관적으로 하는 사람 또는 어떤 일을 즐겨 하는 사람이라는 말입니다. (예 : 낚시꾼 / 말썽꾼) 또는 어떤 일을 전문적으로 하는 사람, 어떤 일을 잘하는 사람이라는 뜻도 있지요. (살림꾼 / 소리꾼 / 심부름꾼 / 씨름꾼)

둘째 날

심술둥이　　욕심꾼　　　꾀둥이

말썽잡이　　바람장이　　게으름꾼

잠쟁이　　　겁둥이

풋내기　　　점쟁이

쌍둥이　　　왼손잡이

나무꾼　　　대장장이

악바리　　　바들바들　　갓난쟁이

어리벙벙　　대장장이　　쏙닥쏙닥

지끈지끈　　트집쟁이

| 낱말 풀이 |

- 악바리는 맡은 일을 끈덕지고 억척스럽게 해 나가는 사람을 이르는 말입니다. '악바리 악돌이 악쓴다'고 하면 무슨 일에나 악착같이 제 고집을 세우고 물러날 줄 모른다는 말이지요.
- 어리벙벙하다는 제정신을 못 차릴 정도로 어리둥절하다는 말입니다.
- 트집쟁이는 별로 문제가 되지 않는 것을 일부러 드러내어 말썽을 부리거나 불평을 하는 사람을 말합니다.

셋째 날

장사꾼　　　춤꾼　　　　소리꾼

사냥꾼　　　사기꾼　　　살림꾼

싸움꾼　　　파수꾼

| 낱말 풀이 |

- 소리꾼은 한국의 전통적인 창이나 노래를 잘 부르는 사람입니다. (예 : 그녀는 타고난 소리꾼이다.)
- 파수꾼은 일정한 곳에 자리를 잡고 무엇을 지키는 사람입니다. (예 : 장군은 파수꾼을 곳곳에 세웠다.)

꾀보　　　　날쌘돌이　　키다리

귀염둥이　　도우미　　　복덩이

심보　　　　담쟁이　　　주둥이

헛다리　　　끝내기　　　마구잡이

| 낱말 풀이 |

- 심보는 마음보와 같은 말인데, 주로 좋지 못한 마음씨를 말합니다. (예 : 동생은 하나도 안 주고 혼자 갖겠다니, 무슨 심보가 그러니?)

- ~둥이는 그러한 성질이 있거나 그와 긴밀한 관련이 있는 사람을 귀엽게 이르는 말이랍니다. 막둥이는 막내를, 늦둥이는 엄마 아빠가 나이가 많이 들어 낳은 자식을, 순둥이는 순한 성격의 사람을 귀엽게 이른 것이지요.
- 껑다리는 키가 큰 사람, 즉 키다리와 같은 말입니다.
- 뜨내기는 사는 곳이 일정하지 않고 이리저리 떠돌아다니는 사람을 말합니다.
- 바람잡이는 남을 속여 돈을 따는 노름꾼과 짜고 옆에서 사람들을 부추기거나 얼을 빼는 구실을 하는 사람입니다.
- 길라잡이는 길을 인도해 주는 사람이나 사물을 말합니다. (예 : 그 곳에 가려면 길라잡이가 필요할 텐데요.) 여기서 '~잡이'는 무엇을 다루는 사람이라는 뜻입니다. (예 : 칼잡이 / 활잡이)
- 마구잡이는 잘 따져보지 않고 닥치는 대로 마구 하는 짓을 말합니다.

넷째 날

잔소리꾼　　　솜씨꾼

촐랑이　　　　천덕꾸러기

늦둥이　　　　애송이

| 낱말 풀이 |

- 천덕꾸러기는 남에게 업신여김을 받는 사람이나 물건을 이르는 말입니다. (예 : 그는 어려서부터 동네에서 천덕꾸러기로 소문이 났다.)

게으름뱅이　거짓말쟁이

뚱보　　　　새침데기　　말썽꾸러기

악바리　　　트집쟁이　　까불이

멋쟁이　　　애송이　　　욕심쟁이

귀염둥이　　겁쟁이　　　깍쟁이

다섯째 날

120쪽

천덕꾸러기   막둥이
벌거숭이   거짓말쟁이
내숭쟁이   욕쟁이
·천둥벌거숭이

121쪽

땅꾼   낚시꾼
사냥꾼   나무꾼
엄살쟁이   먹보

| 낱말 풀이 |
• 땅꾼은 산이나 들에서 뱀을 잡아서 파는 사람입니다.

122쪽

꾼   ~ 심부름꾼, 훼방꾼, 사기꾼,
          살림꾼, 싸움꾼, 잔소리꾼,
          일꾼
잡이   ~ 길잡이, 길라잡이, 바람잡이
보   ~ 바보, 털보, 뚱보
내기   ~ 동갑내기, 풋내기, 뜨내기
꾸러기 ~ 잠꾸러기, 말썽꾸러기,
            장난꾸러기
둥이   ~ 귀염둥이, 막둥이, 순둥이
쟁이   ~ 심술쟁이, 깍쟁이, 엄살쟁이,
            개구쟁이, 겁쟁이, 멋쟁이

여덟째 주 빛깔

첫째 날

124쪽

무지개

125쪽

노랗다   파란색
빨강   하얗다
까만색

126쪽

노란색
빨간색
보라색

둘째 날

127쪽

퍼렇다   뻘겋다   허옇다
꺼멓다   시퍼렇다
시뻘겋다   시꺼멓다   싯누렇다

128쪽

파랑   빨강   노랑   검정
연하다 진하다 노랑

129쪽

거무스름하다
푸르스름하다
발갛다
노랗다
파랗다
파르무레하다

셋째 날

130쪽

방긋방긋   노르웨이
파르르   능청스레
가물가물   하여간에

| 낱말 풀이 |
• 능청스레는 속으로는 다른 생각을 하면서 겉으로는 안 그러는 척하는 모습입니다.(예: 희수는 아무 일도 없었다는 듯이 능청스레 딴전을 피웠다.)
• 가물가물은 작은 것이 먼 곳에서 조금씩 흔들리는 모양을 뜻합니다.(예: 봄이 되니 가물가물 아지랑이가 피어오른다.) 또는 희미하게 생각이 날 듯 말 듯한 모양을 가리킵니다.(예: 그 애와 언제 만났는지 가물가물 생각이 나지 않는다.)

131쪽

오색   청록   회색   분홍
군청   고동색 연두색 자주색

| 낱말 풀이 |
• 쪽빛은 푸른빛과 자줏빛의 중간 빛깔입니다. 맑고 파란 하늘과 바다를 이렇게 표현하죠. (예:쪽빛 바다 / 폭풍이 지나간 후 쪽빛 하늘이 눈앞에 펼쳐진다.)
쪽은 원래 염료로 쓰는 쪽풀을 뜻합니다. 청바지의 염료인 인디고가 바로 쪽이죠. 어떤 천에, 몇 번을 염색했는지에 따라 빛깔이 달라집니다. 옅은 색부터 짙은 푸른색, 남색(藍色)까지 다양한 색을 내지요.

쪽으로 물을 들인 옷감들
(〈한광석 전통염색전〉, 학고재, 1993에서)

132쪽

완두   주황
털   코끼리   노란

133쪽

감빛 우웃빛 장밋빛
구릿빛 황금빛
풀빛 쪽빛 하늘빛

134쪽

원색 혼합색
바탕색 순색
무색 화색

135쪽

같은 값이면 다홍치마
서슬이 퍼렇다.
속이 시커멓다.
흰 것은 종이요 검은 것은 글씨라
초록은 동색이다.
열흘 붉은 꽃이 없다.

| 속담 · 관용구 풀이 |

- **같은 값이면 다홍치마** : 짙고 산뜻한 붉은 빛이 다홍이에요. 이왕 입을 거라면, 옅은 색깔 치마보다 훨씬 눈에 띄고 예쁘겠지요. 그래서 들여야 하는 비용이나 노력이 같다면 더 좋은 것을 택한다는 뜻으로 쓰이지요.
- **서슬이 퍼렇다** : 서슬은 원래 쇠붙이 연장이나 칼날 등의 날카로운 부분을 뜻해요. 그래서 남이 맞서지 못하도록 위협적이고 세찬 말씨와 태도를 뜻하게 되었지요. (예 : 그 여인은 서슬이 시퍼래 가지고 대들었다.)
- **속이 시커멓다** : 시커멓다는 것은 검다의 센말이에요. 검다고 하면 (마음이) 옳지 못하고 엉큼하다는 뜻도 있지요.
- **흰 것은 종이요 검은 것은 글씨라** : 옛날에 글공부를 한다고 하면, 한글이 아니라 한문을 익히는 것이었어요. 한문을 익히는 것은 참 어려운 일이었지요. 하얀 종이에 좋은 내용의 글이 빽빽이 있으면 뭘 하나요. 글자를 읽지 못하면 아무 것도 알 수 없는데요. 그래서 글공부를 제대로 하지 못한 까막눈을 이렇게 이르지요.

- **초록은 동색이다** : 초록은 풀 초(草), 녹색 녹(綠)이에요. 풀색이나 녹색이나 그게 그거니까, 따져 보면 한가지임을 비유적으로 일컫는 말이 되었지요.
- **열흘 붉은 꽃이 없다** : 꽃이 아무리 곱고 예뻐도, 열흘 지나면 빛이 바래고 말라서 떨어지지요. 권세가 있어도, 부자인 것도 붉은 꽃처럼 일시적인 것이라는 말을 이렇게 비유해서 말한답니다.

136쪽

청바지 파랑새
노랑이 흰소리 검은손
청군백군 흑백사진

| 낱말 풀이 |

- 청바지는 튼튼한 면직물에 쪽풀, 즉 인디고로 염색한 바지이지요. 그냥 파란색 바지가 아니고 특정한 감촉의 특정한 색깔의 바지이지요.
- 파랑새는 생물학적으로는 파랑새목 파랑샛과에 속한 조류이지만, 상징적인 의미를 갖는 새이기도 합니다. 옛날 중국 전설에 따르면 동방삭이 푸른 새를 보고 불사의 약을 가진 선녀인 서왕모가 보낸 것임을 알았다고 합니다. 그래서 반가운 사자(使者)나 편지를 뜻하게 되었습니다.
  또 벨기에의 극작가 마테를링크의 동화극 〈파랑새〉에서는 어린 남매가 행복을 가져다준다는 파랑새를 찾으러 다니지요.
  우리한테는 '새야 새야 파랑새야, 녹두밭에 앉지 마라'고 하여 녹두장군 전봉준을 이르는 상징으로도 전해졌지요.
- 노랑이는 속이 좁고, 특히 재물에 아주 인색한 사람을 낮추어 부르는 말입니다.
- 흰소리는 무늬없이 자랑으로 떠벌리거나 거드럭거리며 허풍을 떠는 말입니다. 희다는 희떱다, 즉 속은 비어 보잘것없으나 겉은 그럴듯하고 호화롭다는 말입니다.
- 검은손은 속셈이 음흉한 혼길, 행동, 힘 따위를 비유적으로 이르는 말입니다. 검다는 (마음이) 옳지 못하고 엉큼하다는 뜻도 있기 때문이지요.

137쪽

파랑새 보라매 백여우
황소 청개구리 검둥개
노랑나비 재두루미

| 낱말 풀이 |

- 백여우은 털빛이 하얀 여우라는 뜻이지만, 흴 백(白)은 일백 백(百)과 같은 뜻으로도 쓰여 백 년 묵은 여우라는 뜻도 됩니다. 꾀보 여우가 백 살이 되었으니 얼마나 요사스러울까요.

138쪽

검정 검붉다
꺼멓다 벌겋다
노랑 금색[황색]
희다
흰색[백색] 푸르다 청색

- 사진 제공
  국립민속박물관, 국립중앙박물관, 위키백과, 클립아트코리아, 플리커, 픽사베이, 한광석, BRIC(김태원)